O PODER DA ORAÇÃO SEGUNDO A VONTADE DE DEUS

CB004486

Stormie Omartian

O PODER DA ORAÇÃO SEGUNDO A VONTADE DE DEUS

Falar com Deus é bom. Saber o que ele deseja para você é ainda melhor.

THOMAS NELSON
BRASIL®

Título original *Praying God's will for your life*
Copyright da obra original © 2001 por Stormie Omartian
Edição original por Thomas Nelson, Inc.,Todos os direitos reservados.
Copyright da tradução© Vida Melhor Editora LTDA., 2018.

Gerente Editorial	Samuel Coto
Editor	André Lodos Tangerino
Produção editorial	Bruna Gomes
Tradução	Elisabeth Jany
Copidesque	Ana Carla Lacerda
Revisão	Margarida Seltmann
	Cristina Loureiro de Sá
	Francine Souza
Capa e projeto gráfico	Rafael Brum

CIP-BRASIL. CATALOGAÇÃO NA FONTE
SINDICATO NACIONAL DOS EDITORES DE LIVROS, RJ

O64p

Omartian, Stormie

    O poder da oração segundo a vontade de Deus : falar com Deus é bom. saber o que ele deseja para você é ainda melhor / Stormie Omartian ; tradução Elisabeth Jany. -2. ed. - Rio de Janeiro : Thomas Nelson Brasil, 2018.

    176 p. ; 21 cm.

Tradução de: Praying god's will for your life
ISBN 9788578607487

1. Oração - Cristianismo. I. Jany, Elisabeth. II. Título.

18-50433	CDD: 248.32
	CDU: 27-534.3

Leandra Felix da Cruz - Bibliotecária - CRB-7/6135

Thomas Nelson Brasil é uma marca licenciada à Vida Melhor Editora LTDA.
Todos os direitos reservados à Vida Melhor Editora LTDA.
Rua da Quitanda, 86, sala 218 – Centro
Rio de Janeiro – RJ – CEP 20091-005
Tel.: (21) 3175-1030
www.thomasnelson.com.br

Sumário

PRIMEIRA PARTE
O relacionamento íntimo

1. Orando para conhecer a vontade de Deus para sua vida 9
2. Orando para conhecer Deus como uma presença poderosa...... 19
3. Orando para conhecer Deus como seu Salvador 27
4. Orando para conhecer Deus como seu Pai celestial.................. 37
5. Orando para conhecer Deus como o Espírito Santo 41
6. Orando para conhecer Deus como Senhor da sua vida 45
7. Orando para conhecer Deus como um nome que supre
   todas as suas necessidades 51

SEGUNDA PARTE
O fundamento sólido

8. Orando para seguir em frente com o Senhor 61
9. Orando por um fundamento firmado Deus............................... 65
10. Orando para conhecer o poder da oração 73
11. Orando para compreender a liberdade no louvor 87
12. Orando para a libertação de pecados não confessados 99
13. Orando para perdoar a si mesmo, a Deus e aos outros......... 107

TERCEIRA PARTE
A caminhada em obediência

14. Orando para perceber a relação entre obediência e benção 117

15. Orando para dizer "sim" a Deus todos os dias de sua vida 123

16. Orando para permanecer separado do mundo 129

17. Orando para ser batizado 137

18. Orando para ter comunhão com outros cristãos 143

19. Orando para saber como abrir mão de si mesmo 151

20. Orando para lembrar-se do sacrifício de Jesus 159

21. Orando para ser capaz de andar em fé 165

22. Orando para encontrar conforto no centro da vontade de Deus 171

um

O relacionamento íntimo

❀ Capítulo 1

*Orando para conhecer a vontade
de Deus para sua vida*

....

ATÉ ONDE ME LEMBRO, eu acordava todas as manhãs com uma imensa sensação de pavor. É o mesmo sentimento que você tem quando acorda pela primeira vez depois que alguém que você ama morreu de forma trágica e repentina. A realidade da tragédia começa a invadi-lo completamente e você percebe que não era um sonho ruim, afinal. Você deseja com todo seu ser que não seja verdade, mas é, e você precisa aceitar. A ideia de encarar o dia traz um peso de depressão tão grande que é necessário fazer um enorme esforço simplesmente para sair da cama.

É exatamente assim que eu sempre me sentia, ainda que ninguém tivesse morrido. Ninguém, isto é, exceto eu. Eu estava morrendo diariamente. Podia sentir isso, mas não sabia o que fazer a respeito.

Ninguém jamais viu minha luta, por isso eu fingia que estava tudo bem. E acabei ficando muito boa nisso. Mantinha-me ocupada o máximo possível, na companhia de tantas pessoas quanto fosse possível, a fim de criar o máximo de distração para que eu não tivesse de sentir a terrível inutilidade da minha vida. Mas sempre havia aquele momento de extrema solidão, quando não havia qualquer ruído ou atividade, quando eu despertava do sono para a consciência. Nesses momentos acordada, o silêncio ensurdecedor expunha a futilidade da minha vida — e era insuportável.

Frequentemente pensava em suicídio como um meio de escapar, porque não queria acordar novamente com aquela terrível sensação e ter de enfrentar outro dia. Certamente eu não conseguiria imaginar que as coisas poderiam ser diferentes do que eram. Eu havia passado a vida inteira tentando me transformar e mudar as circunstâncias, e achava que era completamente impotente para fazê-lo. Já fazia muito tempo que considerava a maneira como eu era e a forma como minha vida estava prosseguindo totalmente inaceitáveis. E não conseguia ver outra saída.

É claro que eu havia passado por uma exaustiva busca a fim de encontrar um significado para minha vida. Contudo, o deus que eu estava procurando em minhas práticas ocultistas era fraco e distante, um deus que realmente não poderia fazer nada por mim, a menos que eu fosse boa o suficiente, ou bem instruída, ou satisfatoriamente religiosa, ou inteligente o bastante para chegar até ele de alguma forma e provar que era digna. Estava bastante certa de que ele tinha coisas mais importantes para fazer do que me ajudar. Ao perceber que não tinha nenhum deus ou qualquer outra pessoa para vir em meu socorro, decidi que tudo cabia a mim mesma. *Eu* estava no comando do meu destino. *Eu* precisava me tornar aceitável para os outros. *Eu* precisava transformar minha vida naquilo que deveria ser. O problema é que eu sabia que não conseguiria fazer isso.

Fui cantora e atriz de televisão por cerca de oito anos, e estava achando cada vez mais difícil me esconder atrás de qualquer uma dessas ocupações durante qualquer período de tempo. O vazio dentro de mim estava crescendo em um ritmo alarmante; sentia-me tão frágil que sabia que não iria demorar muito tempo para que eu rachasse como uma casca de ovo.

Certo dia, fui convidada para cantar em uma série de sessões de gravação para um musical cristão. Fiquei contente por conseguir um trabalho e por se tratar de uma gravação, que era muito mais fácil do que o exaustivo cronograma de trabalho de um programa de televisão. Naquela época, os programas de TV eram transmitidos ao vivo, de forma que a programação de ensaio era intensa. Você precisava decorar a coreografia, os diálogos e as músicas que seriam cantadas de forma perfeita a fim de não cometer nenhum erro quando as câmeras estivessem filmando e você estivesse sendo visto — ao vivo — por milhões de pessoas.

Quando cheguei ao estúdio de gravação para a primeira sessão, ele estava repleto de pessoas que em sua maioria eu nunca vira antes. Havia uma sensação de paz e calma e todos eram amigáveis, calorosos e acolhedores, bem diferente do que eu estava acostumada na televisão. Meu espírito começou a se elevar imediatamente. Isso foi incrível, porque a sessão acontecia bem cedo pela manhã, o que significa que não tivera muito tempo para desenvolver minha tradicional depressão matutina.

Durante o primeiro intervalo do dia, conheci cantores, músicos e pessoas da equipe de gravação. Todos possuíam determinadas qualidades em comum que me pareceram muito interessantes: simplicidade, senso de plenitude e determinação. Alguém poderia perguntar como uma pessoa como eu conseguia se identificar com um senso de plenitude; não sei como explicar, mas posso dizer apenas que aquela sensação estava em nítido contraste com o meu próprio vazio. Também era capaz de perceber que eles não estavam usando drogas, álcool e não havia promiscuidade. Novamente, um grande contraste ao que eu estava acostumada.

Minha amiga Terry era a contratante da sessão, o que significava que ela era responsável pela seleção de todos os cantores. Ela era uma das melhores cantoras de estúdio de Los Angeles, e eu havia trabalhado com ela muitas vezes. Ela sempre fazia o vocal principal e eu ficava ao seu lado como segunda voz. Acho que ela gostava de trabalhar comigo porque eu nunca tentei competir com ela. Ao contrário, reconhecia sua competência e tentava fazer o melhor acompanhamento possível. Ela ficou ao meu lado durante a sessão, porque sabia que eu não conhecia muitas pessoas que estavam ali.

Eram três pessoas cantando em cada microfone. Em nosso microfone, Terry estava no meio enquanto outra garota e eu estávamos uma de cada lado, procurando seguir o tom da música. Após aquele primeiro intervalo ter terminado e voltarmos a gravar, levantei o braço para ajustar meus fones de ouvido. Quando abaixei a mão, o anel de ouro no meu dedo bateu no suporte de metal e fez um enorme estrondo. Isso fez com que a gravação parasse imediatamente.

Isso foi na época em que não havia nenhum dos truques tecnológicos que os estúdios possuem atualmente. Um erro dessa magnitude significava que teríamos de começar a gravar a seção musical inteira novamente, o que não era bom, já que a gravação havia sido perfeita até aquele momento. Eu temia que minha carreira de gravação tivesse terminado ali. Normalmente, algo assim poderia ter sido suficiente para eu não ser chamada para trabalhar novamente. Não apenas pelo erro que cometi, mas também pelo dinheiro que custaria aos produtores pelo tempo gasto em gravar tudo novamente. Eu me senti mal com o que aconteceu e me desculpei muito por isso. Esperava receber olhares furiosos, uma áspera dispensa no intervalo para o almoço e uma ligação me pedindo para não retornar para o restante das gravações. Em vez disso, todos agiram como se aquilo não fosse grande coisa e como se ainda me valorizassem como pessoa. A única coisa que aconteceu foi que o maestro pediu educadamente que se mais alguém estivesse usando pulseiras ou anéis, deveriam retirá-los, o que todos nós fizemos. Tive vontade de chorar naquele momento, não apenas por causa do erro cometido, mas por causa do amor e da misericórdia que tinham demonstrado para comigo. Esse tipo de comportamento não era normal na minha experiência de vida.

Foi no nosso intervalo para o almoço, quando saímos juntos em um grupo grande, que eu soube que todos na gravação eram cristãos, menos eu. Todos eles falaram sobre o futuro, e pude deduzir que o futuro de alguns era ainda mais precário do que o meu parecia ser. No entanto, nenhum deles temia o futuro como eu temia. Tinha medo de não ter um futuro. Eles, ao contrário, sabiam que tinham um porque entendiam que Deus tinha um plano para suas vidas. Eles disseram que desde que andassem dentro da vontade de Deus, seu futuro estava seguro em suas mãos. Eu nunca ouvira falar de uma coisa assim.

Obviamente, seu Deus era diferente dos deuses que eu estava buscando. Era um Deus pessoal e sensível que tinha um plano para a vida de cada pessoa. Eu não disse nada sobre a minha situação, porque não queria revelar que não era cristã e talvez constranger Terry. Ela já sabia que eu não era cristã, mas não acho que os outros soubessem. Agora, olhando para trás, tenho certeza de que todos sabiam. Provavelmente, eles estavam tão conscientes do meu vazio quanto eu estava consciente da plenitude que havia em suas vidas.

A cada dia de gravações eu me via cada vez mais atraída pelo senso de propósito que essas pessoas tinham a respeito da vida. Eu queria muito isso, mas não sabia como poderia sequer me aproximar dessa realidade. Tinha certeza de que alguém que tivesse alcançado essa realidade provavelmente deveria ter nascido "sob uma estrela diferente da minha". No entanto, não conseguia tirar a ideia da vontade de Deus da minha mente.

"Será que Deus tem um plano para minha vida?", eu pensava comigo mesma. Isso significaria que eu não teria de fazer a vida acontecer. "Mas e se o plano dele para mim é ser uma missionária na Sibéria? A morte seria melhor. Como faço para descobrir qual é o plano de Deus para mim?"

Pensei sobre isso durante os dias de gravações que se seguiram. Tentei aprender mais com cada um dos cantores nos intervalos para o almoço sem deixá-los saber por que eu estava interessada. Não queria ninguém me pressionando para ter uma vida com propósito. Além disso, já estava acostumada a ser infeliz e era mais cômodo ficar com o que eu já conhecia.

Após a última gravação do último dia, quando estava no meu carro a caminho de casa, orei para aquele Deus deles sem saber se ele poderia me ouvir. "Deus, se tu tens uma vontade para minha vida", disse eu, "preciso saber qual é e o que fazer sobre isso."

Não ouvi nenhuma resposta. Conforme eu suspeitava, aquele Deus provavelmente nunca iria ouvir alguém como eu. Continuei com minha vida como era, avançando em direção ao fundo em um ritmo sempre crescente.

Ao longo dos meses seguintes, muitas coisas aconteceram, e uma delas mudou minha vida para sempre: conheci o Deus do qual Terry e seus amigos tinham falado. A oração simples que eu fizera no carro, a um Deus que nem conhecia, foi respondida.

Isso foi há 31 anos, e agora sei que a vontade de Deus não é uma coisa misteriosa, que apenas algumas poucas pessoas escolhidas podem compreender. Ela está disponível para cada um de nós, mas precisamos dar os passos necessários para encontrá-la. Os passos são simples, mas muitas vezes, por essa razão, não nos damos ao trabalho de segui-los.

No entanto, nós *temos* de segui-los porque nunca poderemos ser felizes até que entendamos a vontade de Deus para nossa vida e estejamos vivendo-a.

Enquanto não vivermos a vontade de Deus, estaremos destinados a ter uma vida insatisfatória e incompleta. Saber que Deus tem um plano para você lhe dá um senso de propósito como nada mais é capaz de fazer. Isso simplifica tudo, porque você não precisa descobrir tudo e fazer tudo acontecer. Precisa apenas olhar para o Senhor, sabendo que *ele* tem tudo planejado e *ele* vai fazer tudo acontecer.

Daquele momento em diante, passei a orar sempre: "Deus, diga-me o que fazer. Mostre-me qual o passo que preciso seguir. Guia-me para ir aonde preciso." E Deus respondeu a essas orações. Ele falou ao meu coração dizendo: "Basta estar na minha presença. Eu vou fazer as coisas acontecerem do jeito que devem ser."

Nos meses e anos seguintes, aprendi que a vida poderia ser muito mais simples do que jamais sonhei. Não importava qual era minha situação no momento; tudo que eu precisava fazer era dar o próximo passo que o Senhor estava me mostrando. Quando fiz isso, comecei a ver uma maneira sólida de viver, que eu poderia explicar para as outras pessoas. Eu poderia dizer: "É só seguir estes passos. Desde que você esteja andando com Deus e vivendo da sua maneira, não é provável que você saia do caminho. E se por acaso sair, ele irá trazê-lo de volta novamente porque você tem ouvido a voz de Deus e irá sentir em seu coração quando violar uma das suas diretrizes."

Nos próximos capítulos deste livro, encontram-se os passos básicos necessários para desenvolver um relacionamento íntimo com Deus, estabelecer um sólido fundamento baseado na sua verdade e aprender os princípios básicos da obediência. Todas essas coisas representam a vontade de Deus para a sua vida, conforme revelado na sua Palavra, e você deve segui-las a fim de estar dentro da vontade de Deus.

No fim de cada capítulo, encontram-se breves orações e uma seção chamada Ferramentas da Verdade. São versículos da Bíblia que expressam a verdade de Deus para sua vida.

Você pode reivindicá-los como a vontade de Deus para você, e eles irão lhe dar segurança e confiança.

Sugiro que você ore por si mesmo todos os dias durante um mês, utilizando cada uma das 20 áreas de foco de oração que incluí neste livro. Ore um capítulo por dia para uma caminhada devocional de 20 dias em direção a um bem-estar espiritual.

Agora, deixe-me falar sobre cada um desses passos e como aprendi a respeito de sua importância para nossa vida.

❀ Capítulo 2

Orando para conhecer Deus como
uma presença poderosa

PEGUEI UM PUNHADO DE pílulas para dormir que um amigo acabara de me dar e as acrescentei à minha crescente coleção, guardada em uma pequena caixa de ouro na parte de trás da gaveta debaixo de minha penteadeira do quarto. "Tenho quase o suficiente para fazer o trabalho direito desta vez", disse a mim mesma. Planejei meu suicídio de forma deliberada e metódica. Queria que desse a impressão de que eu havia tomado uma dose excessiva acidentalmente, para que minha irmã e meu pai não precisassem carregar nenhuma culpa.

Já havia tentado me matar quando tinha 14 anos, enfiando garganta abaixo uma estranha combinação de medicamentos no nosso banheiro, mas aquilo só serviu para me deixar muito doente. Desde então, lancei-me em tudo o que conseguia encontrar na tentativa de sair de minha sombria prisão emocional. Infelizmente, cada pretensa "chave para a vida" que tentei apenas me levou para mais perto da morte e mais longe da paz, da liberdade e da libertação que tão desesperadamente eu buscava.

Passei por muitas sessões de aconselhamento psiquiátrico e psicológico, e estava agradecida por cada médico que me impediu de me destruir. No entanto, aos 28 anos de idade, 14 anos após minha tentativa de suicídio, eu ainda me sentia como se estivesse num buraco escuro e não conseguia reunir forças para me levantar mais uma vez. A morte foi novamente a única solução que eu conseguia enxergar. Estava impressionada com o fato de que, apesar de todos aqueles anos de luta, minha vida ainda não havia dado em nada.

Nesse momento de depressão, que ocorreu alguns meses após a série de sessões de gravação, minha amiga Terry disse:

— Você não está bem, Stormie. Quer vir comigo e falar com o meu pastor?

Sentindo minha relutância, ela rapidamente acrescentou:

— Você não tem nada a perder.

Meu silêncio testemunhava a favor da precisa avaliação de Terry sobre minha condição, e concordei em ir, muito embora não quisesse ter absolutamente nada com qualquer tipo de religião. As experiências que tive com as igrejas por onde passei fizeram com que eu me sentisse ainda mais morta do que antes.

Terry me levou para conhecer o pastor Jack Hayford da vizinha Church on the Way [Igreja no Caminho], e aquele encontro acabou sendo uma reunião como eu nunca tivera.

Nós o encontramos em um restaurante para o almoço, e a partir do momento em que ele começou a falar, conseguiu captar toda a minha atenção. Ele perguntou um pouco sobre mim, mas eu não estava aberta para revelar nada a respeito de minhas circunstâncias desesperadoras.

Mesmo naquele tardio momento de minha vida, eu queria parecer bem-sucedida. Por mais de uma hora, o pastor Jack falou sobre Deus, do jeito que uma pessoa fala sobre um melhor amigo. Ele disse que, a meu convite, Deus viria habitar no meu interior e transformar minha vida de dentro para fora. "Se você aceitar Jesus, o relacionamento que você pode ter com Deus será tão pessoal que cada parte do seu ser pode ser compartilhada com ele e ele com você", explicou ele. "Você nunca ficaria sem esperança ou propósito novamente."

Eu não tive nenhuma dificuldade em ouvi-lo falar de Deus, porque sabia que havia um reino espiritual. Já tinha visto manifestações sobrenaturais suficientes por meio de meu mergulho no sobrenatural para me convencer de sua realidade. Mas quando ele começou a falar sobre aceitar Jesus e nascer de novo, estremeci.

Frequentemente eu via pessoas de pé nas esquinas das ruas, acenando com livros pretos e gritando: "Jesus salva!" e "Vocês vão todos para o inferno!", a todos que passavam. Por causa deles, eu temia que aceitar Jesus significasse ser submetida a uma lobotomia intelectual que eu iria me transformar em uma pessoa irracional, hipócrita e insensível, do tipo que "bate na cabeça das pessoas com a Bíblia" e para quem a verdadeira dor e dificuldade dos outros não chegava a chamar a atenção. Havia observado, no entanto, que nem Terry e nem o pastor Jack eram parecidos com isso. Felizmente, o pastor Jack percebeu os meus medos e não me forçou a assumir qualquer compromisso. Em vez disso, despediu-se e me entregou três livros: o primeiro, sobre a vida de Jesus, era o evangelho de João em forma de livro;

o segundo, *Cartas de um diabo a seu aprendiz*, de autoria de C. S. Lewis, sobre a realidade do mal; e o terceiro era um livro sobre a obra do Espírito Santo de Deus na vida das pessoas.

"Vamos conversar novamente na próxima semana em meu escritório, e então você poderá me dizer o que achou dos livros", disse o pastor Jack à medida que terminávamos nosso encontro. Concordamos, e fui para casa para começar a leitura. Algo que Terry e pastor Jack disseram e fizeram naquele dia fez que eu quisesse descobrir o que eles sabiam e eu não.

Conforme lia as páginas de cada livro, percebi que durante anos eu havia acreditado nas mentiras sobre Jesus, julgando-o a partir do que eu tinha ouvido falar dele sem realmente conhecê-lo. Sua reputação e seu nome tinham sido tão difamados, desdenhados, mal interpretados, mal-entendidos, ridicularizados e caluniados por tanto tempo que eu descartei qualquer possível conexão com ele em minha vida. Enquanto lia, também percebi que Deus não era a força fria e distante que eu havia pensado, mas um Pai amoroso e poderoso que nos enviou um meio de restauração total por meio de Jesus, seu Filho.

Quanto mais eu lia, mais percebia que a minha crença na Nova Era de que não há mal no mundo, exceto o que existe na mente das pessoas, era uma mentira. À medida que o livro de C. S. Lewis enfatizava a atividade de Satanás, a fonte das coisas horríveis que acontecem com as pessoas tornou-se óbvia. Existe um intento da força do mal que visa a nossa destruição, e Satanás, o chefe dessa força, é real e nosso grande inimigo. Enquanto eu ponderava seriamente sobre tudo o que lia, também pensava sobre Terry e o pastor Jack e o quanto eu os admirava. Eles não eram falsos, estúpidos ou indelicados. Tinham uma beleza interior simples e uma confiança ousada que irradiava o poder de Deus, porque eles o reconheciam como o Salvador de sua vida.

❀ O passo mais importante que você já deu

Todos nós precisamos reconhecer Deus, admitir que ele está do nosso lado e permitir que ele seja o Senhor de nossa vida. O profeta Jeremias fez a Deus uma pergunta que todos nós também queremos saber: "Por que será, então, que não há sinal de cura para a ferida do meu povo?"(Jeremias 8:22).

E Deus respondeu: "Eles vão de um crime a outro; eles não me reconhecem" (Jeremias 9:3).

Uma das principais razões pelas quais as pessoas estão sozinhas e angustiadas é porque não reconheceram Deus como Salvador, como Pai, como Espírito Santo, como Senhor em cada área da vida e como o Nome que atende a todas as suas necessidades. Até que não tenhamos nos posicionado apropriadamente a favor de Deus, nada na vida irá acontecer como deveria.

Enquanto lia aqueles livros, percebi que Deus estaria pronto a me ajudar em minhas necessidades. Reconheci sua presença em minha vida e esperei ansiosamente pela próxima reunião com o pastor Jack e com Terry.

Pouco tempo depois, eu estava circulando em uma livraria cristã e me deparei com um fascinante livro infantil chamado *Three in One* [Três em Um], de Joanne Marxhausen.[1] A

---

[1] Pouco tempo depois, eu estava circulando em uma livraria cristã e me deparei com um fascinante livro infantil chamado *Three in One* [Três em Um], de Joanne Marxhausen.

autora usou o exemplo de uma maçã com suas três partes: a casca, a polpa e o miolo — a fim de mostrar que essas três partes ainda eram apenas uma maçã. Da mesma forma, ela descreveu os três aspectos de Deus: o Pai, o Filho e o Espírito Santo. Três partes, mas somente um Deus. A mensagem dessa simples ilustração era tão clara que percebi que nunca poderemos realmente conhecer a Deus, até que venhamos a conhecê-lo em todos esses sentidos.

Se você nunca reconheceu a presença de Deus em sua vida, talvez queira fazer isso agora, fazendo a primeira oração a seguir. Se você fez isso no passado, pode querer renovar o seu compromisso com Deus, fazendo a segunda oração.

❀ ORAÇÕES

PARA RECONHECER A PRESENÇA DE DEUS

Senhor, eu não o reconheci como o Deus do universo. Perdoe-me por esse erro. Ajude-me a sentir sua presença de forma tão forte em minha vida que eu nunca duvide disso.

PARA RENOVAR A SUA CONSCIÊNCIA DA PRESENÇA DE DEUS

Deus, eu sei que o Senhor é o Deus do universo, e reconheço que o Senhor está presente em minha vida. Por favor, ajude-me a sentir a sua mão sobre mim à medida que realizo minhas tarefas diárias. Eu o amo, Senhor, e agradeço por seu amor e cuidado por mim.

FERRAMENTAS DA VERDADE

❀ E eu estarei sempre com vocês, até o fim dos tempos. (Mateus 28:20)

❈ Reconheça o Senhor em todos os seus caminhos, e ele endireitará as suas veredas. (Provérbios 3:6)

❈ O temor do Senhor é fonte de vida. (Provérbios 14:27)

❈ O que é nascido de Deus vence o mundo. (1João 5:4)

❈ Tu és o meu Senhor; não tenho bem nenhum além de ti. (Salmo 16:2)

❈ Se Deus é por nós, quem será contra nós? (Romanos 8:31)

❀ Capítulo 3

*Orando para conhecer Deus
como seu Salvador*

....

ENQUANTO LIA OS LIVROS que o pastor Jack me dera, pude identificar imediatamente duas razões para aceitar Jesus como meu Salvador. A primeira razão era para ficar completamente livre da culpa.

Meu sentimento de culpa era devastador, mas por todas as razões erradas. Eu não tinha nenhum remorso pelas coisas que fizera que de fato eram erradas. Considerava ações como mentir e ter aventuras amorosas como um meio de sobrevivência, e me recusava a me sentir mal a respeito disso. Sempre que eu me sentia culpada, achava que era porque minha mãe havia incutido em mim sua raiva constante. Ela tinha um jeito de fazer tudo o que eu realizava parecer errado; em alguns dias, eu me sentia culpada até por estar viva.

Contei a história do abuso que sofria de minha mãe em meu livro *Stormie: uma história de perdão e cura*, e também no livro *Lord, I Want to Be Whole* [Senhor, quero ser plena], meu livro sobre cura emocional. Não vou contá-la novamente aqui, mas apenas para que você entenda como eu estava me sentindo é importante contar que minha mãe às vezes me trancava em uma pequena despensa, debaixo da escada, onde a roupa suja era guardada em um velho cesto de vime. Sempre que ela fazia isso, gritava: "Você não vale nada e nunca vai ser nada!"

Nunca tive muita certeza do que havia feito que justificasse ser trancada no armário, mas sabia que deveria ser algo muito ruim. Eu sabia que devia ser uma menina má, e acreditava que todas as coisas negativas que ela dizia a meu respeito eram certamente verdade. Afinal, ela era minha mãe. Todo mundo tem algum tipo de culpa pelos erros do passado. Às vezes por coisas que sabemos que fizemos; às vezes é um profundo arrependimento pelo que acreditamos que poderíamos ter evitado, e outras vezes pela violação de certas leis naturais das quais nem sequer estávamos cientes. Seja qual for o motivo, o peso da culpa repousa sobre nós com um fardo esmagador, e, a menos que o eliminemos, irá nos afastar da plenitude da vida.

O que pode tirar a nossa culpa? Considere, por exemplo, o homem que acidentalmente deu ré no carro sobre sua filha de dois anos de idade e a matou. Ou a mulher que usava drogas quando estava grávida e deu à luz a uma criança com lesão cerebral. E quanto à mãe que acidentalmente atirou em seu filho adolescente e o matou, quando ele chegava em casa tarde da noite e ela pensou que ele fosse um ladrão? Como essas pessoas podem se libertar da culpa de danos devastadores e irreparáveis como esses?

Como você e eu vivemos com dolorosos arrependimentos? *Se pelo menos eu... Se eu não tivesse...* Esses pensamentos reproduzem a agonia de situações que nunca poderão ser mudadas. Está feito! E não há maneira de viver com essas verdades, a menos que você as empurre lá para o fundo e nunca se permita senti-las novamente. Não fale sobre isso. Não traga à tona. O problema é que você pensa que está conseguindo fugir dessas verdades, até que elas começam a vir à superfície. Elas surgem na forma de uma doença. Ou talvez afetem sua mente e emoções, tornando-o irritadiço, introvertido, fóbico ou deprimido.

Como você e eu vivemos com os nossos sentimentos de culpa por coisas que não são culpa nossa, mas que tememos que possam ter sido? "Se eu tivesse sido mais obediente, talvez meu pai não tivesse nos deixado." "Será que levei meu marido a ter esse caso?" "Se eu não tivesse deixado minha filha adolescente sair naquela noite, ela nunca teria sido atropelada por um motorista bêbado." Culpas se acumulam, tornando-se um fardo literalmente insuportável.

Finalmente, o que dizer sobre a nossa culpa por coisas que fizemos que violaram as leis de Deus, as leis que nós nem sequer conhecíamos na época? Não importa o quanto uma mulher que fez um aborto acredite que sua decisão estava certa, nunca ouvi alguém dizer: "Fiquei realizada e enriquecida por esta experiência." Ela pode sentir que se livrou de um fardo, mas nunca pensa: "Que coisa maravilhosa eu fiz. Sei que realmente percebi o propósito de Deus para minha vida e eu sou uma pessoa melhor por causa disso." Quer reconheça ou não, a culpa está lá, porque ela violou uma lei da natureza.

O que ou quem pode nos livrar dessa culpa? As palavras de um amigo que diz: "Não se preocupe com isso... Não foi culpa sua...Você não pode culpar a si mesmo", nunca o livram do que você sente por dentro. Somente o perdão de Deus pode fazer isso. Quando recebemos Jesus, somos imediatamente libertos da punição por nossos erros do passado. Pela primeira vez na minha vida eu me senti livre de ter de enfrentar o fracasso de meu passado a todo instante.

A segunda razão importante para aceitar Jesus era ter paz por saber que meu futuro estava seguro. E não apenas o meu futuro eterno — Jesus disse que todo aquele que crer nele terá a vida eterna (João 6:40) — mas o meu futuro nesta vida também está seguro. Deus promete que se nós o reconhecermos, ele nos guiará com segurança ao caminho certo (Provérbios 3:6). Isso não significa que teremos de imediato todos os nossos problemas resolvidos e nunca mais experimentaremos a dor novamente, mas iremos possuir o poder dentro de nós para alcançar o nosso pleno potencial. Nunca poderemos encontrar uma maior segurança do que essa.

❁ Vida antes da morte

Quando Jesus morreu na cruz, ele também ressuscitou dos mortos para quebrar o poder da morte sobre qualquer pessoa que receber a sua vida. Jesus venceu a morte — quer seja no final de nossa vida ou nas múltiplas formas que enfrentamos a morte diariamente. Para a morte de nossos sonhos, finanças, saúde ou relacionamentos, Jesus pode trazer a sua vida para ressuscitar essas áreas mortas em nós.

Portanto, não temos de nos sentir desanimados. Ele também dá a todos os que se abrem para ele uma qualidade de vida que é significativa, abundante e plena. Ele transcende toda a nossa limitação e imperfeição e nos permite fazer coisas que nunca teríamos sido capazes de fazer sem ele.

Ele é o único com poder e autoridade sobre a escravidão ou as emoções que nos torturam. É o único que pode nos dar a vida *antes* da morte, assim como a vida futura. Sem ele nós morremos um pouco a cada dia. Com ele nos tornamos cada vez mais vivos.

Quando Terry e eu nos encontramos com o pastor Jack na primeira reunião da semana seguinte, ele me perguntou diretamente:

— Bem, o que você achou dos livros que eu lhe dei?

— Eu acho que eles representam a verdade —, respondi com uma confiança atípica.

— Então você gostaria de receber a vida de Deus em você? — ele me perguntou abertamente.

— Sim —, eu disse sem hesitar. — Quero isso, e quero tudo o que Deus tem para mim. Naquele dia, em outubro de 1970, decidi acreditar que Jesus era quem ele disse que era e recebê-lo em minha vida.

Depois que fiz uma oração com o pastor Jack, Terry e eu estávamos saindo do escritório quando ele pegou o braço de um jovem que estava caminhando perto de nós.

— Stormie, quero que você conheça Paul, meu pastor auxiliar — disse ele. — Conte a ele o que aconteceu.

Fiquei constrangida quando apertei a mão de Paul e disse timidamente:

— Acabei de aceitar Jesus.

Eu esperava que ele risse e dissesse: "Você só pode estar brincando!", mas para minha surpresa ele disse com uma combinação reconfortante de sinceridade e seriedade:

— Louvado seja Deus. Isso é maravilhoso!

Sorri de volta para ele, e me senti muito bem.

Há libertação em contar a alguém que você aceitou Jesus. Não importa para quem seja. Tudo o que importa é que você confessou Jesus para outra pessoa, a fim de que essa decisão fique firmemente estabelecida. Ainda que você já conheça o Senhor por um longo tempo, é bom fazer isso com frequência. Sua crença em Deus deve ser reconfirmada periodicamente. Lembre-se de que a vida de ressurreição de Jesus vive em você e que ele é capaz de ressuscitar todas as áreas mortas de sua vida.

Também é bom escrever a data em que você aceitou o Senhor em sua Bíblia ou em um livro de registro que não será jogado fora. Isso documenta sua nova data de nascimento para que, caso alguma vez você tenha qualquer dúvida ou confusão sobre se isso realmente aconteceu, terá esse registro escrito em preto e branco. Uma de minhas amigas nasceu de novo seis ou sete vezes, porque as suas emoções eram frágeis e sua mente tão perturbada pela opressão que ela nunca tinha certeza de que realmente havia aceitado o suficiente da primeira vez. Isso não é necessário.

Você jamais nasce de novo por acaso. Quando recebe Jesus, é porque Deus, o Pai, o está atraindo para ele. Jesus disse: "Ninguém pode vir a mim, se o Pai, que me enviou, não o atrair" (João 6:44). Uma vez que Deus o atrai para ele, está feito — de uma vez por todas. Você está liberto da culpa, o seu futuro está seguro e você está salvo da morte em cada área de sua vida.

O cristianismo é uma relação viva com Deus por meio de Jesus, seu Filho. A salvação não é apenas algo que Jesus fez por nós, é Jesus vivo em nós. Você pode ter nascido em uma família cristã ou ter frequentado uma igreja cristã por toda sua vida, mas se você não disse a Deus que quer receber Jesus, você não nasceu para o Reino de Deus. Não pode herdá-lo, obtê-lo por osmose, transplantá-lo, implantá-lo — ou fazer um pedido a uma estrela por ele. Você precisa declarar a sua fé diante do Senhor.

Depois que me tornei cristã, comecei a conversar com meus amigos sobre a minha experiência, especialmente com minha melhor amiga, Diane. Nós sempre estivemos muito próximas, mas agora não podíamos compartilhar a experiência mais importante da minha vida. Havíamos nos envolvido com o ocultismo juntas, e ela pensou que eu estava louca ao me envolver nesta "coisa de Jesus." Um dia, porém, ela me ligou sentindo-se muito deprimida.

"O Senhor realmente faria a diferença em sua vida", eu disse a ela. "Jesus não é como os deuses que estudamos no ocultismo. Aqueles deuses não têm poder para nos libertar. Jesus tem. Ele pode libertá-la da depressão."

Ao que tudo indicava, eu a havia convencido da grande diferença que o Senhor tinha feito na minha vida, porque ela me pediu para orar com ela para aceitar Jesus como seu Salvador. Era a primeira vez que eu levava alguém ao Senhor, e estava nervosa e preocupada se estava fazendo da forma certa. Mas eu havia ouvido o pastor Jack levar as pessoas ao Senhor de sua forma comovente, e por isso lembrei algumas das coisas que ele disse. A oração a seguir é semelhante à oração que pedi que minha amiga Diane repetisse comigo. Se você quer receber Jesus em sua vida, pode fazer essa mesma oração também.

✺ ORAÇÕES

PARA RECEBER JESUS COMO SALVADOR

Jesus, eu reconheço o Senhor neste dia. Creio que o Senhor é o Filho de Deus, como o Senhor diz que é. Embora seja difícil compreender um amor tão grande, acredito que o Senhor entregou sua vida por mim para que eu pudesse ter vida eterna e abundante agora. Eu lhe peço que me perdoe por não viver de seu jeito. Preciso do Senhor para me ajudar a me tornar tudo que o Senhor me criou para ser. Entre em minha vida e me encha com seu Espírito Santo. Expulse toda a morte acumulada em mim pelo poder da sua presença, e neste dia transforme a minha vida em um novo começo.

Se você não se sentir à vontade com essa oração, então fale com Jesus como faria com um bom amigo e confesse que cometeu alguns erros. Diga a ele que você não pode viver sem ele. Peça-lhe que o perdoe e entre no seu coração. Diga a ele que você quer recebê-lo como Senhor e agradeça pelo seu perdão e pela vida eterna. Se você deseja renovar seu compromisso com o Salvador, faça a seguinte oração:

PARA RENOVAR SEU COMPROMISSO COM JESUS COMO SEU SALVADOR

Jesus, reconheço sua presença em minha vida. Sei que o Senhor vive em mim porque eu o aceitei como Salvador. Sei que o Senhor morreu por mim e é capaz de ressuscitar as áreas mortas da minha vida. Mostre-me as partes em que eu não estou andando plenamente em tudo que o Senhor tem para mim. Eu assumo um novo compromisso de viver do seu jeito.

FERRAMENTAS DA VERDADE

✺ E vimos e testemunhamos que o Pai enviou seu Filho para ser o Salvador do mundo. Se alguém confessa publicamente que Jesus é o Filho de Deus, Deus permanece nele, e ele em Deus. (1João 4:14,15)

- ❁ Respondeu Jesus: "Eu sou o caminho, a verdade e a vida. Ninguém vem ao Pai, a não ser por mim." (João 14:6)

- ❁ Não há salvação em nenhum outro, pois debaixo do céu não há nenhum outro nome dado aos homens pelo qual devamos ser salvos. (Atos 4:12)

- ❁ Ninguém pode ver o Reino de Deus, se não nascer de novo. (João 3:3)

- ❁ Se você confessar com a sua boca que Jesus é Senhor e crer em seu coração que Deus o ressuscitou dentre os mortos, será salvo. (Romanos 10:9)

❀ Capítulo 4

Orando para conhecer Deus
como seu Pai celestial

....

ÀS VEZES É DIFÍCIL para as pessoas reconhecerem Deus como o Pai celestial, especialmente se elas não tiveram um pai ou foram maltratadas por seu pai ou outra figura de autoridade masculina. Uma jovem me disse: "Não fale comigo sobre Deus ser pai. Meu pai me forçou a ter relações sexuais com ele até eu sair de casa, e agora sou incapaz de ter uma relação normal com qualquer homem." Outra me confidenciou: "Meu pai me batia toda vez que chegava em casa bêbado, e agora eu o odeio. Como posso pensar em Deus como um pai?" Um homem de meia-idade disse: "Meu pai nunca fez nada por mim. Ele era um fraco. Não contribuiu em nada para a minha vida e, um dia, nos abandonou. Nem me fale a palavra *pai*."

Nunca tive um pai que abusasse de mim, e sou muito grata por isso. No entanto, meu pai nunca me livrou dos abusos da minha mãe, e ele era o único com poder e autoridade para fazer isso. Por causa dessa experiência, eu sentia inconscientemente que Deus tampouco iria me ajudar. Eu não me ressenti nem me revoltei contra Deus, mas me sentia esquecida.

Suas experiências de vida podem fazê-lo se sentir como essas pessoas. Contudo, quero lhe garantir que Deus nunca será um pai que chega em casa bêbado, esconde-se atrás de um jornal, mente, bate, abusa, trai, abandona ou está ocupado demais para você. Ele é diferente. Ele é um pai que "sabe do que vocês precisam" (Mateus 6:8) e "dará coisas boas aos que lhe pedirem" (Mateus 7:11). Ele nunca o deixará, nem o desamparará. Ele terá infalivelmente o seu melhor interesse em mente e sempre fará mais por você do que você jamais sonhou para si mesmo.

Examine o seu relacionamento com o Pai celestial e veja se qualquer uma das seguintes afirmações se aplica a você:

- "Duvido que eu seja um filho amado para o meu Pai celestial."
- "Eu me sinto distante dele."
- "Eu tenho medo dele."
- "Eu estou zangado com ele."
- "Eu me sinto abandonado por ele."
- "Pensar em meu Pai celestial me traz lágrimas de dor em vez de sentimentos de alegria."

Se qualquer uma dessas afirmações se aplica a você, definitivamente você precisa de maior compreensão do amor do Pai celestial por sua vida. Peça-lhe que deixe isso bem claro. Faça a oração que aparece no fim deste capítulo. E, então, determine que você não irá se fechar para o Pai que o ama. Dê a ele uma chance de provar sua fidelidade e mostrar o seu poder ao seu favor.

No meu novo relacionamento com Deus, eu estava profundamente consciente do seu amor, especialmente o seu amor pelas outras pessoas, mas não acreditava que ele me amava tanto quanto amava os outros. A enormidade do rancor e da dor remanescentes do passado, juntamente com a culpa, a tristeza e o medo, formavam uma barreira enorme que me impedia de sentir o amor de Deus. Por causa dessas coisas, reconhecer Deus como Pai exigiu um grande passo de fé.

Uma coisa é aceitar Jesus e outra é conhecer o Pai. O propósito da Salvação não é apenas nos levar a Cristo, mas também nos levar ao Pai, quando compreendemos o relacionamento com o nosso Criador. Podemos ter imagens distorcidas de Deus em função de tudo o que nos aconteceu, mas não seremos capazes de ver quem realmente *nós* somos até que sejamos capazes de ver Deus como ele realmente é. Então, no contexto de um relacionamento que nos protege e nos satisfaz, podemos começar a crescer. Muitas curas nos aguardam quando fazemos isso.

Se você quiser dar início a esse processo ou renovar o seu relacionamento com seu Pai celestial, faça uma das orações a seguir:

❀ ORAÇÕES

PARA CONHECER DEUS COMO NOSSO PAI CELESTIAL

Deus, eu o reconheço como meu Pai celestial hoje. Corrija qualquer ideia errada que eu tenha do Senhor. Quando meu pai terreno me desapontou e eu o culpei, perdoe-me e retire essa dor. Eu desejo receber a herança que o Senhor prometeu aos Seus filhos.

PARA RENOVAR O SEU RELACIONAMENTO COM DEUS COMO PAI

Deus, eu sei que o Senhor é meu Pai celestial e me ama como ninguém mais pode fazê-lo. Mas, às vezes, eu não posso sentir seu amor incondicional por mim. Ajude-me a compreender a verdade da sua Palavra em minha vida hoje. E ajude-me a me aproximar do Senhor.

FERRAMENTAS DA VERDADE

- ⚙ "E lhes serei Pai, e vocês serão meus filhos e minhas filhas", diz Senhor Todo-poderoso. (2Coríntios 6:18)

- ⚙ Como um pai tem compaixão de seus filhos, assim o Senhor tem compaixão dos que o temem. (Salmo 103:13)

- ⚙ Não tenham medo, pequeno rebanho, pois foi do agrado do Pai dar-lhes o Reino. (Lucas 12:32)

- ⚙ Entretanto, tu és o nosso Pai. Abraão não nos conhece e Israel nos ignora; tu, Senhor, és o nosso Pai, e desde a antiguidade te chamas nosso Redentor. (Isaías 63:16)

- ⚙ Além disso, o Pai a ninguém julga, mas confiou todo julgamento ao Filho. (João 5:22)

❀ Capítulo 5

*Orando para conhecer Deus
como o Espírito Santo*

....

QUANDO OUVI PELA PRIMEIRA vez os nomes Ajudador e Consolador, a respeito do Espírito Santo, soube imediatamente que queria esses atributos de Deus em minha vida. Percebi que, para obtê-los, primeiramente eu tinha de reconhecer a existência do Espírito Santo e, depois, estar aberta para que ele operasse em mim. Quando fiz isso, aprendi três razões importantes para ser cheia do Espírito Santo:

- para adorar a Deus mais plenamente;
- para conhecer e comunicar o amor de Deus de forma mais completa;
- para tomar posse do poder de Deus em minha vida de forma mais efetiva.

Se você reconhece Jesus como Salvador e Deus como Pai, precisa reconhecer o Espírito Santo. Eu ouvi alguns cristãos falarem da Trindade, como Pai, Filho e E-E-E-S- -S-S-S-P- P-P-T-T-T-S-S-S-T-T. Eles mal conseguem dizer Espírito Santo sem engasgar, muito menos reconhecer sua obra em suas vidas. Talvez seja porque saibam muito pouco sobre ele. Ou talvez vivenciaram uma situação em que coisas estranhas foram feitas em nome do Espírito Santo (ou talvez tenham ouvido o termo "Espírito" e tivessem medo de espíritos!). Seja qual for a razão, deixe-me lhes garantir que o Espírito Santo é o Espírito de Deus enviado por Jesus para nos dar conforto, nos edificar, nos guiar a toda a verdade, nos trazer dons espirituais, nos ajudar a orar de forma mais eficiente, nos dar sabedoria e revelação e para nos ajudar a conhecer a vontade de Deus para nossa vida. Será que alguém pode dizer honestamente que não precisa dessas coisas?

O Espírito Santo não pode ser ignorado. Não podemos fingir que ele não existe ou dizer que Jesus não estava falando sério quando prometeu que enviaria o Espírito Santo para nós, ou sugerir que Deus estava apenas brincando quando disse que estava derramando seu Espírito sobre toda a humanidade. O Espírito Santo não é um vapor ou uma nuvem mística; ele é outra parte de Deus (você se lembra da história da casca, da polpa e do miolo da maçã?). Ele é poder de Deus e os meios pelos quais Deus fala conosco. Se o ignorarmos ou rejeitarmos, vamos impedir que esse poder e comunicação operem em nossa vida.

Se os seus lábios podem dizer: "Jesus é o Senhor", você pode estar certo de que o Espírito de Deus já está trabalhando em sua vida. Ser cheio do Espírito é algo mencionado em muitos textos bíblicos. Uma vez que parece haver tantas interpretações desses textos quanto há denominações, não vou limitá-lo à minha interpretação. Simplesmente pergunte ao Espírito Santo o que esses textos bíblicos deveriam significar para você e deixe em suas mãos essa revelação.

A Bíblia diz: "Porei o meu Espírito em vocês e os levarei a agirem segundo os meus decretos e a obedecerem fielmente às minhas leis" (Ezequiel 36:27). O Espírito Santo trabalha a plenitude de Deus em nós. E não deve haver nenhum medo nem mistério sobre isso, porque apenas nós entre toda a criação de Deus temos um lugar especial construído no nosso interior onde o seu Espírito pode habitar. Esse lugar estará sempre vazio até que seja preenchido por ele.

Nós não queremos ter "uma aparência de piedade", mas negar o "Seu poder" (2Timóteo 3:5.); negar o poder de Deus limita o que Deus pode fazer em nossa vida e nos impede de avançar em direção a tudo o que ele tem para nós. Também não queremos ser como aqueles que "estão sempre aprendendo, e jamais conseguem chegar ao conhecimento da verdade" (2Timóteo 3:7). A menos que o Espírito Santo nos instrua a partir do nosso interior, nosso conhecimento da verdade será sempre limitado e nossa saúde espiritual será incompleta. Não limite o que Deus pode fazer em você por não reconhecer o seu Espírito Santo em sua vida.

Descobri ao longo dos anos, porém, que o enchimento do Espírito Santo é contínuo e se aprofunda cada vez mais. Precisamos estar dispostos a nos abrir para cada novo nível e dimensão, a fim de que ele possa nos capacitar a realizar o que nunca poderíamos fazer sem essa plena medida do seu amor, do seu poder e da sua vida.

Não importa há quanto tempo você conhece o Senhor, é bom fazer a oração a seguir com frequência:

✤ ORAÇÃO

Deus, ajude-me a entender tudo que eu preciso saber sobre o Senhor e a obra do seu Espírito em minha vida. Encha-me com o seu Espírito Santo de uma maneira totalmente nova neste dia e trabalhe poderosamente em mim.

FERRAMENTAS DA VERDADE

✤ E eu pedirei ao Pai, e ele lhes dará outro Conselheiro para estar com vocês para sempre, o Espírito da verdade. O mundo não pode recebê-lo, porque não o vê nem o conhece. Mas vocês o conhecem, pois ele vive com vocês e estará em vocês. (João 14:16,17)

✤ Se vocês, apesar de serem maus, sabem dar boas coisas aos seus filhos, quanto mais o Pai que está nos céus dará o Espírito Santo a quem o pedir! (Lucas 11:13)

✤ Mas quando o Espírito da verdade vier, ele os guiará a toda a verdade. Não falará de si mesmo; falará apenas o que ouvir, e lhes anunciará o que está por vir. (João 16:13)

✤ Arrependam-se, e cada um de vocês seja batizado em nome de Jesus Cristo para perdão dos seus pecados, e receberão o dom do Espírito Santo. Pois a promessa é para vocês, para os seus filhos e para todos os que estão longe, para todos quantos o Senhor, o nosso Deus, chamar. (Atos 2:38,39)

❀ Capítulo 6

*Orando para conhecer Deus
como Senhor da sua vida*

DEPOIS QUE COMECEI A conhecer a Deus como Salvador, Pai e Espírito Santo, descobri que precisava expor várias áreas de minha vida à sua influência. Isso foi difícil, porque exigia o aprofundamento da minha confiança. Até então eu havia tido poucas experiências positivas quando deixei que alguém além de mim estivesse no controle da minha vida. Em cada casa que morei quando estava crescendo, sempre tivemos quartos que ninguém tinha permissão para ver. Eles continham uma coleção bagunçada e confusa de objetos inúteis em número esmagador e fora de ordem. Um dos motivos para que minha mãe nunca quisesse que ninguém viesse à nossa casa (além do fato de que era muito cansativo para ela manter uma fachada de normalidade) era porque ela tinha medo de que alguém visse os quartos secretos. Esses quartos eram o reflexo da nossa vida familiar. O segredo da doença mental de minha mãe precisava ser escondido a todo custo. Quando cresci, era como se aqueles quartos secretos de nossa casa tivessem se tornado lugares secretos no meu coração.

Mantive tantas partes de mim ocultas que vivia com um verdadeiro pavor de que fossem descobertas, e eu fosse rejeitada por causa delas.

Logo que recebi Jesus, mostrei a ele o "quarto de hóspedes" do meu coração. O problema é que Jesus não se contentou em ficar lá. Ele continuou a bater nas portas ano após ano, até que eu começasse a abrir compartimentos que nem eu mesma sabia que existiam. Ele expôs todos os cantos escuros de cada área à sua luz purificadora. Logo percebi que Jesus queria que eu o reconhecesse como Senhor sobre *todas* as áreas da minha vida.

Um desses compartimentos em meu coração era a questão de ter filhos. Casei com meu marido, Michael, cerca de três anos depois de ter recebido Jesus, e por estarem acontecendo tantas coisas em nossa vida naquela ocasião, nós nunca, de fato, conversamos sobre filhos. Eu tinha um milhão de razões para não os querer, e a menor delas era o medo de que pudesse perpetuar minha própria criação deformada. Eu não poderia suportar me ver destruir uma vida inocente. Conforme Deus batia em uma porta após a outra — finanças, casamento, atitudes, aparência, amizades — eu a abria para o seu domínio. No entanto, eu me fazia de surda enquanto ele batia incessantemente na porta da maternidade, que estava trancada pelo meu egoísmo e medo. No entanto, a batida persistia, desafiando a minha oração diária: "Jesus, seja o Senhor de todas as áreas da minha vida."

Certa manhã, cerca de um ano depois de nos casarmos, um casal de amigos nos parou em frente à igreja para nos mostrar seu filho recém-nascido. Enquanto eu o segurava brevemente, tive uma visão na qual me via segurando meu próprio filho. Mais tarde, na igreja, pensei sobre aquele momento e a possibilidade de ter um bebê de repente me pareceu agradável. "Está bem, Senhor, pensei, se é realmente para termos um filho, deixe-me ouvir algo sobre isso do Michael." Dessa forma, tirei o assunto totalmente da minha mente.

Naquela tarde, Michael virou para mim e disse:

— Aquele bebê que você estava segurando nesta manhã, antes do culto, era tão bonito. Talvez devêssemos ter um nosso.

— O quê? Eu disse, incrédula. Você está falando sério?

— Claro. Por que não? Não é isso que as pessoas fazem? — ele me perguntou.

— É, mas eu nunca ouvi você dizer algo assim antes.

Relembrando minha breve oração naquela manhã, orei em silêncio: "Senhor, é assustador o quão rápido o Senhor pode trabalhar às vezes. Que sua perfeita vontade seja feita em minha vida." Mesmo que eu ainda estivesse amedrontada e apreensiva, sabia que havia chegado o momento em que Deus estava para trazer vida a um lugar em mim que antes estivera morto. Senti que permitir que ele fosse Senhor sobre essa área seria uma parte importante do resgate de tudo o que havia sido perdido em minha vida.

❀ Dando a ele o controle da casa

Quando você convida Jesus para habitar o seu ser (o ser nascido de novo), espera-se que você lhe dê o controle da casa também (tornando-o Senhor sobre sua vida). No entanto, muitos de nós somos lentos para fazer isso de forma completa. Quer admitamos ou não, hesitamos em acreditar que podemos confiar a Deus *cada* área da nossa vida. A Bíblia diz:

> Confie no Senhor de *todo* o seu coração e não se apoie em seu próprio entendimento; reconheça o Senhor em *todos* os seus caminhos, e ele endireitará as suas veredas. (Provérbios 3:5,6, ênfase da autora)

Observe a palavra *todo*. É muito específica. Se quisermos que as coisas funcionem bem, temos de reconhecê-lo como Senhor de *todas* as áreas de nossa vida. Eu precisava estar disposta a dar a Deus o direito de passagem preferencial, muitas vezes, dizendo: "Jesus, seja o Senhor de todas as áreas da minha vida." Então, ele apontava para os lugares onde eu não havia aberto a porta para o seu reinado, para deixá-lo entrar. Agora sei que Deus faz isso com todas as pessoas que o convidam para habitar sua vida. Algumas pessoas lhe dão acesso total à casa de seu ser imediatamente. Outras o deixam parado na entrada indefinidamente. Muitas pessoas fazem como eu fiz e permitem que ele entre lentamente. A questão é que quando Jesus bate em portas diferentes dentro de você, ele nunca irá forçar o caminho com uma escavadeira e demolir as paredes. Ele vai simplesmente bater com persistência e calma e, à medida que é convidado, irá gentilmente ocupar cada canto de sua vida para purificar e reconstruir.

No tempo em que Jesus passou na Terra, ele tocou corpos mortos e restituiu-lhes a vida. Ele também tocou leprosos e lhes devolveu a saúde. Ele irá fazer o máximo por você agora. Nunca irá dizer: "Vocês são intocáveis para mim, estão muito longe, cheiram muito mal, o seu fracasso é muito grande e suas circunstâncias demasiadamente mortas."

Se algo morreu em você ou em sua vida, Deus é movido por compaixão por isso. Em qualquer parte em que existam lugares mortos em você, ele vai soprar vida sobre eles. Ele se preocupa com seus sentimentos e fraquezas. Deseja tocar com cura e vida, mas não irá fazer isso a menos que você primeiramente reconheça-o como Senhor sobre essas áreas e o convide para entrar na situação. O fato de que ele não irá tocar essas áreas sem um convite não é uma indicação de que ele não se importa, mas de que ele lhe deu uma escolha. Você irá optar por se abrir e compartilhar cada parte do seu ser com ele e deixar que ele reine em sua vida?

Quando meu marido e eu morávamos na Califórnia, tínhamos uma casa que estava aberta, com poucas paredes no interior. As pessoas me diziam: "Quando venho à sua casa, não dá para ficar na entrada. Preciso entrar na sala, cozinha ou quarto." Devido à falta de barreiras, a própria casa as convidava a entrar. Acredito que isso reflete a maneira como nosso relacionamento com Deus deve ser. Quando as barreiras caem, ele não está impedido de entrar em qualquer área que deseja. Isso significa que estamos abertos para tudo o que Deus quer fazer em nós, não importa o quanto desagradável possa parecer no momento. As pessoas mais felizes que conheço colocam totalmente suas vidas nas mãos de Deus, sabendo que em todo lugar em que ele for entronizado, nenhuma ameaça do inferno pode ter êxito contra elas. Reconhecer Deus como Senhor de todas as áreas de sua vida é um ato contínuo de determinação. Por isso, recomendo que você faça uma breve oração como esta todas as manhãs, ao acordar:

❀ ORAÇÃO

Deus, eu o reconheço como Senhor sobre todas as áreas da minha vida neste dia. Ajude-me a andar na sua vontade perfeita em tudo o que eu faço e em tudo o que eu digo.

FERRAMENTAS DA VERDADE

- ❀ Por isso Deus o exaltou à mais alta posição e lhe deu o nome que está acima de todo nome, para que ao nome de Jesus se dobre todo joelho, nos céus, na terra e debaixo da terra, e toda língua confesse que Jesus Cristo é o Senhor, para a glória de Deus Pai. (Filipenses 2:9-11)

- ❀ Vocês me chamam "Mestre" e "Senhor", e com razão, pois eu o sou. (João 13:13)

- ❀ Se vivemos, vivemos para o Senhor; e, se morremos, morremos para o Senhor. Assim, quer vivamos, quer morramos, pertencemos ao Senhor. (Romanos 14:8)

- ❀ Respondeu Jesus: "Ame o Senhor, o seu Deus de todo o seu coração, de toda a sua alma e de todo o seu entendimento." (Mateus 22:37)

- ❀ Confie no Senhor de todo o seu coração e não se apoie em seu próprio entendimento. (Provérbios 3:5)

✿ Capítulo 7

Orando para conhecer Deus como um nome
que supre todas as suas necessidades

....

ALGUMAS SEMANAS ANTES DE ter aquela conversa com Terry sobre o encontro com seu pastor, acordei no meio da noite, reprimindo os soluços e com a respiração ofegante. Sentimentos de uma desesperadora solidão tomaram conta de mim, como o de estar perdida no escuro como uma criança, e tive a sensação estranha de que alguma presença devastadora, sufocante, semelhante à morte estava no quarto comigo. Com um sobressalto me sentei para constatar, para meu grande alívio, que estava segura na minha própria cama.

"Graças a Deus, não é real", chorei, enquanto tentava afastar as memórias de um sonho bem familiar.

Parte do tormento emocional que senti durante anos antes de me entregar ao Senhor eram frequentes pesadelos, tão verdadeiros que quando eu acordava, levava um tempo para determinar o que era realidade e o que não era. Nesses sonhos assustadores, eu estava em um grande quarto escuro, vazio, que ficava cada vez maior até que eu ficasse sufocada e subjugada a um medo paralisante. O desespero profundo que eu sentia com esses pesadelos se tornou tão intenso que, gradualmente, era transportado para o dia também.

Quando compartilhei esses eventos com Terry, ela me deu o que pareceu na ocasião ser um conselho muito estranho.

"Quando isso acontecer", ela me instruiu, "apenas fale o nome de Jesus repetidas vezes. Isso vai afastar o medo."

"Só isso?", respondi, hesitante, mas ainda disposta a fazer qualquer coisa que ela me dissesse se fosse ajudar. Nós não tínhamos conversado muito sobre o Senhor antes, de forma que essa sugestão me pareceu muito estranha.

Eu não pensei muito sobre a nossa conversa até a vez seguinte em que acordei de um pesadelo e imediatamente me lembrei do conselho de Terry.

"Jesus", eu sussurrei enquanto respirava com dificuldade. "Jesus!" Clamei mais alto e prendi a respiração por um instante. "Jesus, Jesus, Jesus", eu disse muitas vezes como se me agarrasse à vida ao som dessa palavra. Em poucos minutos, o temor foi embora. "Exatamente como ela previu", pensei comigo mesma, espantada, enquanto me virava e voltava a dormir.

Essa foi minha primeira experiência com o poder do nome de Jesus, e eu nunca me esqueci dela. Se o seu nome tinha tanto efeito sobre o reino das trevas para alguém que nem sequer estava familiarizado com ele, imagine o poder do nome de Jesus para aqueles que o conhecem e o amam.

❈ Um nome para todas as ocasiões

Determinadas garantias e vantagens estão implícitas no simples reconhecimento do nome de Jesus. A Bíblia diz, por exemplo: "O nome do Senhor é uma torre forte; os justos correm para ela e estão seguros" (Provérbios 18:10). Há uma cobertura de proteção sobre qualquer pessoa que recorra ao nome do Senhor. É por isso que quando eu disse o seu nome várias vezes — não apenas uma repetição irracional, mas um pedido de ajuda a ele — trouxe o reino de sua vida para proteger a minha. É verdade que naquele momento eu não o tinha recebido como Salvador, mas estava sendo atraída para ele, como as experiências de várias semanas mais tarde provaram.

O Senhor tem muitos nomes na Bíblia, e cada um exprime um aspecto de sua natureza ou um de seus atributos. Ao reconhecê-lo por esses nomes, nós o convidamos para ser essas coisas para nós. Por exemplo, ele é chamado de Curador. Quando oramos "Jesus, tu és o meu Curador", associando-o à fé, faz esse atributo para ter efeito sobre nossa vida.

Uma das razões pelas quais nós não temos a plenitude, a realização e a paz que desejamos é porque não reconhecemos Deus como resposta a todas as nossas necessidades. Pensamos: "Ele pode ter me dado a vida eterna, mas eu não sei se pode lidar com meus problemas financeiros." Ou podemos pensar: "Eu sei que ele pode me dar um emprego melhor, mas eu não tenho certeza de que pode restaurar este casamento." Ou: "Ele curou minhas costas, mas eu não sei se pode curar a minha depressão." A verdade é que ele é tudo de que precisamos e temos de nos lembrar disso sempre. Aliás, é bom dizer a si mesmo diariamente: "Deus é tudo de que eu preciso", e, em seguida, dizer que o nome do Senhor que responde à sua necessidade específica naquele momento.

Você precisa de esperança? Ele é chamado de Esperança. Ore: "Jesus, o Senhor é a minha Esperança."

Você está fraco? Ele é chamado de nossa Força. Ore: "Jesus, o Senhor é minha força." Precisa de conselho? Ele é chamado de Conselheiro. Ore: "Jesus, o Senhor é meu Conselheiro."

Você se sente oprimido? Ele é chamado de Libertador. Está sozinho? Ele é chamado de Companheiro e Amigo.

Também é chamado de Emanuel, que significa "Deus conosco". Ele não é um ser distante, frio, sem nenhum interesse por você. Ele é o Emanuel, o Deus que está com você agora mesmo à medida que você o reconhece em sua vida. Relacionei 30 nomes bíblicos do Senhor na página seguinte. Leia esta lista, tendo em mente que Deus deseja ser todas essas coisas para você. Sempre que você puder, escolha pelo menos um nome que é aplicável às suas necessidades e, com frequência, agradeça a Deus por ser isso para você. Reconhecer que ele significa essas coisas é o primeiro passo para que ele realmente se torne essas coisas em sua vida.

Lembre-se de que tudo da personalidade dele é mais forte do que qualquer coisa negativa na sua.

❀ Para conhecê-lo melhor

Outra boa razão para reconhecer o nome do Senhor é que Jesus diz que se nós o reconhecermos, ele nos reconhecerá. E existe uma intimidade que cresce, à medida que esse reconhecimento é mantido.

❀ TRINTA ATRIBUTOS DO SENHOR

1. Ele é meu restaurador (Salmo 23:3).
2. Ele é meu auxiliador (João 14:16).
3. Ele é minha força (Isaías 12:2).
4. Ele é meu Redentor (Isaías 59:20).
5. Ele é minha esperança (Salmo 71:5).
6. Ele é minha paciência (Romanos 15:5).
7. Ele é minha verdade (João 14:6).
8. Ele é meu lugar de repouso (Jeremias 50:6).
9. Ele é vencedor (João 16:33).
10. Ele é minha luz (João 8:12).
11. Ele é o poder (1Coríntios 1:24).
12. Ele é o pão da vida (João 6:35).
13. Ele é minha rocha (Salmo 18:2).
14. Ele é meu refúgio contra a tempestade (Isaías 25:4).
15. Ele é o Pai da Eternidade (Isaías 9:6).
16. Ele é o autor da minha fé (Hebreus 12:2).
17. Ele é meu libertador (Salmo 70:5).
18. Ele é meu conselheiro (Salmo 16:7).
19. Ele é minha paz (Efésios 2:14).
20. Ele é meu galardoador (Hebreus 11:6).
21. Ele é meu justiceiro (Malaquias 4:2).
22. Ele é meu Escudo (Salmo 33:20).
23. Ele é sabedoria (1Coríntios 1:24).
24. Ele é meu purificador (Malaquias 3:3).
25. Ele é meu esconderijo (Salmo 32:7).
26. Ele é minha sombra contra o calor (Isaías 25:4).
27. Ele é meu refinador (Malaquias 3:2,3).

> 28. Ele é a ressurreição e a vida (João 11:25).
> 29. Ele é aquele que levanta minha cabeça (Salmo 3:3).
> 30. Ele é fortaleza no dia da angústia (Naum 1:7).

Quando minha mãe me trancou no armário por horas em uma ocasião, eu me senti impotente e com medo. "Eles se esqueceram de mim", exclamei para mim mesma. "Ninguém se lembra de que estou aqui." Então não foi surpresa o fato de que, mais tarde, eu ficasse temerosa de que Deus se esquecesse de mim também. Eu me senti como o rei Davi: "Ninguém se preocupa comigo. Não tenho abrigo seguro; ninguém se importa com a minha vida" (Salmo 142:4).

Às vezes sentimos que ninguém sabe ou se importa com quem realmente somos. Mas Deus sabe e se preocupa. Uma pergunta comum de pessoas que foram abusadas é: "Onde estava Deus quando o abuso aconteceu?" A resposta é que *Deus está onde é convidado*. Ele sabia e se importava com o fato de que eu estava trancada naquele armário. No entanto, foi somente anos mais tarde quando eu o convidei para estar comigo que ele me libertou e me curou dos efeitos daquela ocorrência. Teria acontecido antes, se eu o tivesse recebido e tornado Senhor da minha vida mais cedo. Não importa quem nos abandonou ou desapontou de uma forma ou de outra no passado, o Senhor sempre estará conosco no tempo presente. A Bíblia diz: "Ainda que me abandonem pai e mãe, o Senhor me acolherá" (Salmo 27:10). Essas palavras são particularmente significativas se sua mãe ou pai realmente abusaram, decepcionaram ou abandonaram você. O Senhor, porém, nunca irá nos decepcionar ou se esquecer de nós.

Jesus disse que quando você conhecer a verdade, você será liberto. Sempre pensei que isso significava conhecer a verdade de uma situação, mas na realidade é conhecer a verdade de Deus em cada situação. E os nossos olhos nunca serão abertos para a sua verdade até que os nossos corações estejam totalmente abertos para ele e o reconheçamos como tudo de que precisamos. Essa é vontade de Deus para nossa vida.

✺ ORAÇÕES

Jesus, obrigado, pois o Senhor é Emanuel, Deus conosco.
Obrigado porque o Senhor está comigo e o Senhor é tudo de que eu preciso.
Mencione suas necessidades e, em seguida, identifique qualquer um dos nomes de Deus que se aplique a elas. Por exemplo: "O Senhor é o meu Vencedor e eu preciso vencer a solidão." Ou "O Senhor é a minha Paciência e eu preciso de paciência hoje com _____."
Agradeço-lhe porque o Senhor está presente comigo dessa forma. Por favor, ajude-me a sentir a sua presença de uma nova maneira hoje.

FERRAMENTAS DA VERDADE

✺ Colocarei essa terça parte no fogo, e a refinarei como prata, e a purificarei como ouro. Ela invocará o meu nome, e eu lhe responderei. É o meu povo, direi; e ela dirá: O Senhor é o meu Deus. (Zacarias 13:9)

✺ Porque todo aquele que invocar o nome do Senhor será salvo. (Romanos 10:13)

* Nunca o deixarei, nunca o abandonarei. (Hebreus 13:5)

* O nosso socorro está no nome do Senhor, que fez os céus e a terra. (Salmo 124:8)

* Por isso Deus o exaltou à mais alta posição e lhe deu o nome que está acima de todo nome. (Filipenses 2:9)

* Portanto, todo aquele que me confessar diante dos homens, também eu o confessarei diante de meu Pai, que está nos céus. (Mateus 10:32)

dois

O fundamento sólido

❀ Capítulo 8

*Orando para seguir em frente
com o Senhor*

AINDA ESTOU EM TERRENO movediço", disse a mim mesma enquanto me dirigia à igreja domingo de manhã, cerca de um ano depois de ter conhecido o Senhor. Muito embora minha vida estivesse muito melhor, eu ainda tinha a sensação de intranquilidade de que a qualquer momento poderia perder a estabilidade que havia adquirido. Temia que todos os meus vislumbres de esperança para o futuro dessem em nada.

Era óbvio que eu tinha feito alguns progressos desde aquele dia em outubro com Terry e o pastor Jack. Afinal, no início do meu relacionamento com o Senhor eu não era capaz nem de ir à igreja sozinha. Durante meses, Terry e seu marido me acordavam aos domingos pela manhã com um telefonema e, então, saíam de seu caminho para me pegar de carro, sabendo que eu não era forte o suficiente na minha mente, corpo ou espírito para chegar lá sozinha. Depois que eles pararam de me levar, minha presença na igreja se tornou esporádica por um tempo, até que resolvi ir à igreja regularmente sem a ajuda deles. Naquele momento, enquanto eu me dirigia para lá pela quinta vez consecutiva em uma manhã de domingo, pensei sobre o que tinha aprendido.

Havia ouvido o pastor Jack pregar a cada semana sobre "seguir em frente com o Senhor", e por fim eu estava começando a compreender. Cada vez que ele falava sobre isso, acenava com o braço lentamente de lado a lado da congregação, como um pastor tentando levar suas ovelhas para uma determinada direção. Certa manhã, conforme ele acenava o braço sobre a congregação, percebi que você simplesmente não fica parado em um lugar depois de aceitar o Senhor. Você precisa começar a crescer.

Eu pensava que após receber Jesus em sua vida, isso bastava para a pessoa. Não haveria mais problemas. No entanto, estava descobrindo que não era bem assim. A verdade é que eu o havia feito para a eternidade, assegurando a vida após a morte. No entanto, a minha vida aqui na terra ainda precisava ser trabalhada. Eu tinha de fazer determinadas coisas diariamente para prosseguir com a vida e me tornar espiritualmente e emocionalmente saudável. Que revelação! Tendo buscado condicionamento físico e o conceito de cuidados apropriados para com o corpo por muitos anos, rapidamente relacionei isso com disciplina — fazer algo de bom para si mesmo, não importa o quanto você não sinta vontade de fazê-lo, para que você venha a ser capaz de desfrutar de boa saúde e bem-estar. Comecei a entender que, assim como o corpo físico precisa ser alimentado, exercitado e limpo, da mesma forma o espírito e a alma necessitam de reabastecimento. Naquela manhã na igreja, pensei: "Meu fundamento não é tão forte quanto deveria ser. Isso deve ser porque tenho momentos de dúvida e sinto que estou em terreno movediço. Deus, mostre-me como fortalecer minha relação com o Senhor para que meu fundamento se torne sólido."

Durante os meses seguintes aprendi cinco elementos fundamentais — blocos de construção espiritual — que irão fortalecer o nosso relacionamento com Deus:

- a Palavra de Deus;
- a oração;
- o louvor;
- a confissão;
- o perdão contínuo.

Quando negligenciamos ainda que apenas um deles, terminamos com rachaduras em nossa fundação. Quando temos rachaduras em nossa fundação, nunca chegaremos aonde deveríamos estar e nunca poderemos conhecer plenamente a vontade de Deus.

Algumas pessoas apenas "sobrevivem", não fazendo nenhuma dessas coisas, mas eu não estava interessada em sobreviver. Estivera fazendo isso por anos, mas agora queria um bem-estar espiritual verdadeiro e uma sensação de propósito e direção. Queria a vontade de Deus para minha vida.

❀ ORAÇÃO

Senhor, ajude-me a me lembrar da importância da sua Palavra, da oração, do louvor, da confissão e do perdão contínuo em minha caminhada diária. Ajude-me a não negligenciar nenhum desses elementos. Abra minha mente e coração para andar de forma ainda mais profunda com o Senhor em cada uma dessas áreas.

FERRAMENTAS DA VERDADE

* Passada a tempestade, o ímpio já não existe, mas o justo permanece firme para sempre. (Provérbios 10:25)

* Portanto, quem ouve estas minhas palavras e as pratica é como um homem prudente que construiu a sua casa sobre a rocha. (Mateus 7:24)

* Entretanto, o firme fundamento de Deus permanece inabalável e selado com esta inscrição: "O Senhor conhece quem lhe pertence" e "afaste-se da iniquidade todo aquele que confessa o nome do Senhor". (2Timóteo 2:19)

❀ Capítulo 9

*Orando por um fundamento
firmado em Deus*

....

CERTA MANHÃ, O PASTOR Jack mais uma vez nos encorajou a "seguirmos em frente", desta vez em relação à Palavra de Deus. Ao ouvi-lo, pensei: "Primeiro, o pastor nos pede para trazermos nossas próprias Bíblias, agora ele quer que nós mesmos a leiamos?" Eu havia comprado uma Bíblia em uma versão que me ajudasse a entender o texto, exatamente como ele havia pedido, mas pensei que *ele* iria ensiná-la e nós iríamos acompanhar.

Tinha desistido de tentar ler a Bíblia anos antes, quando várias tentativas infrutíferas trouxeram desânimo e frustração. Achei a redação muito estranha; não conseguia entender nada. Mas o pastor Jack ensinava os textos bíblicos com uma clareza incrível, prendendo minha atenção a cada palavra. Era como assistir a um filme tão reflexivo sobre minha própria vida que eu acabava me envolvendo no processo.

Naquele momento, eu me perguntei: "Será que poderia sentir a mesma coisa que sentia ali quando fosse ler a Bíblia sozinha em casa?"

Na manhã seguinte, comecei a ler Salmos e Provérbios, que tinham capítulos curtos e pareciam ser seguros o suficiente para eu dominar. Nas semanas seguintes, fui para os evangelhos de Mateus, Marcos, Lucas e João. Fiquei surpresa com a forma que cada palavra ganhava vida com um novo significado. Logo, tive tamanho desejo de conhecer toda a história que comecei pelo início da Bíblia e a li até o fim. Quando terminei, meses depois, senti como se eu conhecesse o coração do Autor e minha vida tivesse mudado.

Enquanto estava lendo com metade da fé todos os dias, notei benefícios distintos e inegáveis. Descobri que era especialmente benéfico ler a Bíblia em primeiro lugar logo pela manhã, porque colocava o meu coração e mente no caminho certo para o dia. Além disso, ler a Bíblia antes de ir para a cama à noite garantia que eu iria dormir sem pesadelos, o que havia sido um problema durante muito tempo. Gradualmente, a Bíblia se tornou a voz de Deus no meu ouvido. Quando eu ouvia algumas palavras antigas e familiares em minha mente, como "Você não vale nada", "Você nunca vai conseguir nada", "Por que tentar?", eu também ouvia as palavras de Deus, dizendo: Me fizeste de modo especial e admirável. Salva-me das portas da morte. Como são felizes todos os que nele se refugiam! (Salmos 139:14; 9:13; 2:12).

Quanto mais eu lia, mais via que as leis de Deus eram boas. Elas estavam lá para meu benefício, e eu podia confiar nelas. Tornou-se claro para mim que a consciência não era um indicador adequado de certo ou errado. Eu conseguia perceber que as coisas realmente só podiam ser constatadas como certas ou erradas à luz da Palavra de Deus. Tais diretrizes, em vez de me restringirem, foram realmente libertadoras para mim.

Mesmo quando a Palavra de Deus não diz especificamente: "Isto é certo" ou "Isto é errado", o meu espírito se tornara tão alinhado com o dele que eu podia sentir o que era correto. Por exemplo, mesmo que a Bíblia realmente dissesse para não ficar bêbado, eu também sentia que não era uma boa ideia beber álcool para dar uma "relaxada", especialmente diante da minha história de abuso de álcool e drogas. Além disso, a sensação de "chapada" que eu estava tendo ao estar na presença do Senhor era muito maior do que qualquer outra coisa que eu poderia obter de outras fontes. Esse foi apenas um dos muitos sinais do início da plenitude e maturidade emocional que estava sendo trabalhado em minha alma, o fundamento do que foi estabelecido na Palavra de Deus.

❀ O quê? Eu, ler?

Você pode estar pensando: "Eu não posso me dar ao luxo de dedicar um tempo para ler a Bíblia todos os dias." Deixe-me desafiá-lo a reconsiderar. A seguir relacionei 15 razões para ler a Bíblia diariamente. Depois de ler esta lista você vai perceber que não podemos nos dar ao luxo de deixar passar um dia sequer sem absorvermos pelo menos alguns versículos da Palavra em nossos corações e mentes.

Bons relacionamentos, boa saúde e ser bom no que você faz — tudo isso exige algum sacrifício, disciplina, desconforto e até mesmo algum sofrimento. A plenitude espiritual é assim também. A leitura da Palavra de Deus deve tornar-se uma disciplina diária porque, se vamos viver para ele, precisamos de uma sólida compreensão da forma como Deus quer que vivamos.

❁ QUINZE RAZÕES PARA LER A BÍBLIA DIARIAMENTE

1. Para ficar livre da ansiedade e ter paz (Salmo 119:165).
2. Para colocar as coisas em ordem quando a vida está fora de controle (Salmo 19:7,8).
3. Para ter direção e conhecer a vontade de Deus (Salmo 119:105).
4. Para experimentar cura e libertação (Salmo 107:20).
5. Para crescer no Senhor (1Pedro 2:2).
6. Para ter força, consolo e esperança (Salmo 119:28, 50, 114).
7. Para moldar você mesmo e sua vida corretamente (Salmo 119:11).
8. Para ser capaz de ver claramente (Salmo 119:130).
9. Para saber o que há realmente em seu coração (Hebreus 4:12).
10. Para aumentar a fé (Romanos 10:17).
11. Para ter alegria (Salmo 16:11).
12. Para entender o poder de Deus (João 1:3).
13. Para ter mais vida nesta vida (Salmo 119:50).
14. Para distinguir o bem do mal (Salmo 119:101-2).
15. Para entender o amor de Deus por você (João 1:14).

❈ E se eu estiver sofrendo?

Às vezes, em minha batalha contra o medo e a depressão, eu me sentava para ler a Palavra de Deus sentindo-me tão esgotada, entorpecida ou preocupada, que não conseguia nem sequer entender as palavras. Eu não só não me sentia perto de Deus, mas também sentia que era inútil esperar que ele pudesse mudar a mim ou a minha vida de forma duradoura. Apesar disso, conforme eu lia era atingida por um restabelecimento notável dessas emoções negativas. Mais tarde, talvez não fosse capaz de passar em um teste sobre a passagem bíblica, mas eu me sentia renovada, fortalecida e esperançosa. Quando você sentir medo, depressão ou ansiedade, pegue a Bíblia na mão e diga: "Minha alma está morrendo de fome e este é o alimento para o meu espírito. Quero fazer a coisa certa, e ler a Bíblia é sempre a coisa certa a fazer." Faça a oração que se encontra no fim deste capítulo e depois comece a ler a Palavra de Deus até sentir a paz entrando em seu coração.

Embora a Bíblia tenha sido escrita para lhe dar conhecimento do Senhor, ela usa o Espírito Santo para tornar uma passagem bíblica específica viva no seu coração. Quando isso acontece, é como se Deus estivesse falando palavras de conforto, esperança e orientação diretamente para você. A Bíblia diz: "Pois tudo o que foi escrito no passado, foi escrito para nos ensinar, de forma que, por meio da perseverança e do bom ânimo procedentes das Escrituras, mantenhamos a nossa esperança" (Romanos 15:4).

❈ Mas eu já sei disso!

Não diga: "Eu já li a Bíblia. Memorizei uma centena de textos bíblicos, e até mesmo ensino a Bíblia, então não preciso lê-la todos os dias." Esse é um pensamento perigoso. Sempre que você come comida ou bebe água, você não diz: "Eu não vou ter de fazer isso de novo", não é? Claro que não. Seu corpo precisa ser alimentado diariamente. O mesmo vale para o seu ser espiritual e emocional. E por você não ser a mesma pessoa hoje que foi ontem, toda vez que ler a Palavra de Deus, vai entendê-la de uma maneira nova e diferente. Aliás, se você já leu a Bíblia muitas, muitas vezes, compre uma Bíblia nova, com uma tradução diferente ou a mesma tradução de uma forma diferente e leia novamente. Você ficará surpreso como a Palavra lhe parecerá nova e revigorada.

Alguns grupos de pessoas rejeitam a Palavra de Deus, estabelecendo para si mesmos um estilo de vida que se opõe ao projeto de Deus. Acreditam que sabem tudo e não precisam da sua verdade. No entanto, se você observar o suficiente, irá vê-las se destruir ao longo do tempo. Esse estilo de vida pode parecer funcionar por um tempo, mas não se engane pensando que sempre irá funcionar. Qualquer pessoa que rejeita a verdade de Deus acabará derrotada. Também perdemos parte de nossa armadura de proteção quando conhecemos a verdade de Deus, mas não permitimos ocasiões propícias frequentes para que ela penetre em nossa vida de maneiras novas e diferentes.

Isso ajuda a manter em mente que a Bíblia é uma carta de amor de Deus para você. Quando você recebe cartas de alguém que ama, você não as lê somente uma vez e nunca mais olha para elas de novo. Você as lê atenta e repetidamente, absorvendo a própria essência daquela pessoa, buscando nas entrelinhas todo e qualquer tipo de mensagem possível. As cartas de amor de Deus para você são cheias de mensagens. Elas dizem: "Isto é o quanto eu o amo." Elas não dizem: "Estas são as coisas que você precisa fazer para conseguir que eu venha a amá-lo." A Bíblia não é apenas uma coleção de informações, é um livro da vida. Não é para ser lida como um ritual ou por medo de que algo ruim vai acontecer se você não o fizer. É para ser lida para que Deus possa edificá-lo em seu amor de dentro para fora e marcar sua natureza em seu coração para que nada possa mantê-lo longe da sua presença ou fora da sua vontade.

✿ ORAÇÃO

Senhor, agradeço por sua Palavra. Revele-se a mim conforme eu a leio e permita que ela ganhe vida no meu coração e mente. Mostre-me o que preciso saber. Faça com que sua Palavra penetre qualquer coisa que possa me impedir de receber tudo o que o Senhor quer me dizer hoje.

FERRAMENTAS DA VERDADE

- ✿ Se vocês permanecerem em mim, e as minhas palavras permanecerem em vocês, pedirão o que quiserem, e lhes será concedido. (João 15:7)

- ✿ Pois a palavra de Deus é viva e eficaz, e mais afiada que qualquer espada de dois gumes; ela penetra até o ponto de dividir alma e espírito, juntas e medulas, e julga os pensamentos e intenções do coração. (Hebreus 4:12)

- ✿ Ele enviou a sua palavra e os curou, e os livrou da morte. (Salmo 107:20)

* A lei do Senhor é perfeita, e revigora a alma. Os testemunhos do Senhor são dignos de confiança, e tornam sábios os inexperientes. Os preceitos do Senhor são justos, e dão alegria ao coração. Os mandamentos do Senhor são límpidos, e trazem luz aos olhos. (Salmo 19:7,8)

* A relva murcha, e as flores caem, mas a palavra de nosso Deus permanece para sempre. (Isaías 40:8)

❈ Capítulo 10

Orando para conhecer o poder da oração

DURANTE OS DOIS PRIMEIROS anos em que andei com o Senhor, minhas orações eram algo assim:

- "Deus, ajude-me a conseguir o emprego."
- "Jesus, por favor, cure a minha garganta."
- "Senhor, envie dinheiro suficiente para que pague estas contas."
- "Pai, leve embora o meu medo."

Levei um tempo para perceber que aquelas orações bastante improvisadas não estavam adiantando muito. Eu achava que deveria fazer o melhor que pudesse sozinha, e, então, se precisasse de uma tábua de salvação de Deus, poderia me agarrar a ela. O único problema era que eu precisava de uma tábua de salvação a cada minuto.

Eu amava o texto bíblico que diz: "Peçam, e lhes será dado; busquem, e encontrarão; batam, e a porta lhes será aberta" (Mateus 7:7). Levei a sério esse trecho da Palavra de Deus e passei a pedir, buscar e bater com uma oração que fazia regularmente. Também levei a sério a passagem bíblica que diz: "Não têm, porque não pedem" (Tiago 4:2).

"Ótimo! Posso facilmente corrigir isso", pensei, e continuei a pedir tudo. Mas ainda não estava feliz, e não via o tipo de resposta que desejava.

Um dia, enquanto estava lendo novamente o mesmo versículo, meus olhos se abriram para o versículo seguinte: "Quando pedem, não recebem, pois pedem por motivos errados, para gastar em seus prazeres" (Tiago 4:3). Será que as orações do tipo "Deus, me dê isto, faça aquilo, use sua varinha mágica aqui, livre-me desta confusão" não eram o que Deus desejava para minha vida de oração? Em total frustração, eu disse: "Senhor, ensine-me como devo orar."

E ele fez exatamente isso!

Vim a entender que a oração não é apenas pedir coisas — apesar de que isso certamente faça parte dela. Muito mais importante, porém, é que a oração é falar com Deus. É chegar perto e passar tempo com aquele que você ama. É buscá-lo em primeiro lugar, tocá-lo, conhecê-lo melhor, estar com ele e esperar na sua presença. É reconhecê-lo como a fonte de poder da qual você depende. É dedicar um tempo para dizer: "Fale ao meu coração, Senhor, e me diga o que eu preciso ouvir". No entanto, posteriormente me deparei com a passagem bíblica que diz: "O seu Pai sabe do que vocês precisam, antes mesmo de o pedirem" (Mateus 6:8). Isso me deixou perplexa, então perguntei ao pastor Jack: "Se Deus já sabe do que eu necessito, por que ainda preciso pedir alguma coisa?"

Na sua forma habitualmente clara, ele explicou: "Porque Deus nos deu o livre arbítrio. Ele o instituiu para que sempre tenhamos uma escolha em tudo o que fazemos, inclusive se devemos ou não optar por nos comunicarmos com ele. Ele nunca irá intervir onde o homem não desejar."

"Claro!", pensei. "Deus quer que nós desejemos estar com ele. Não existe nenhuma relação de amor se uma pessoa precisa ditar como o outro deve pensar, sentir e agir". "Deus conhece os nossos pensamentos", o pastor Jack continuou, "mas ele responde às nossas orações. Precisamos chegar a um ponto de perceber que a oração é um privilégio que é sempre nosso, mas o poder da oração é sempre dele. Sem Deus, não podemos fazer nada. Sem nós, Deus não irá fazê-lo."

Essas palavras me deram uma nova perspectiva sobre o assunto. As coisas não iriam acontecer na minha vida se eu não orasse. E eu não estava mais apenas pedindo coisas; era uma parceria com Deus. Eu estava alinhando meu espírito com o dele, e, juntos, iríamos ver a sua vontade perfeita ser realizada. Um exemplo significativo foi a minha oração por um marido. Eu havia sido casada antes de me tornar uma cristã, mas após o fracasso do casamento, eu tinha sérias dúvidas de que poderia vir a ter um casamento feliz. Era o que eu mais queria, mas somente quando comecei a orar por isso passei a ter esperança.

Dizia em minha oração: "Senhor, há alguém com quem posso partilhar a minha vida? Alguém que eu possa amar sem ser rejeitada? Alguém que ame o Senhor e a mim e que será fiel a nós dois?"

Eu havia feito essa oração por pouco tempo, quando comecei a sair com Michael Omartian, e estava com muito medo de cometer outro erro. Mas Deus havia me ensinado a orar a respeito dessas questões, de forma que foi isso que eu fiz.

"Senhor, eu lhe agradeço por Michael", eu orava todos os dias, "mas se ele não for o marido que o Senhor tem para mim, tire-o da minha vida. Feche a porta da nossa relação. Eu não quero mais viver do meu jeito. Eu quero que a sua vontade seja feita na minha vida. Eu o busco em primeiro lugar, sabendo que o Senhor irá providenciar tudo o que eu preciso."

Quanto mais eu fazia essa oração, mais próximos Michael e eu ficávamos, até que, por fim, estávamos certos de que iríamos ficar juntos. Nos 28 anos que estamos casados, nenhum de nós se perguntou se casou com a pessoa errada, mesmo durante os momentos mais difíceis. Isso acontece porque nosso relacionamento estava protegido e comprometido com Deus em oração desde o início. E nós sabemos que essa oração nos manteve juntos. Ser capaz de entrar na presença de Deus com nossos corações abertos para sermos mudados nos manteve crescendo juntos, em vez de desmoronarmos. Como eu disse em meu livro *O poder da esposa que ora*, a oração e o nosso compromisso de fazer as coisas do jeito de Deus nos afastaram do divórcio, quando nossa carne poderia tê-lo acolhido nos momentos de fraqueza.

Desde uma questão tão grande como se casar com a pessoa certa até algo de menor importância como preparar uma refeição para os convidados do jantar, tudo o que eu fazia tinha cobertura de oração. Pouco a pouco a estrutura da minha vida começou a mudar e a plenitude penetrou nela de forma que as células danificadas se regeneraram, como se reagissem a uma pomada cicatrizante.

✸ Como orar de forma eficiente

Todos nós sabemos que quando os amigos não veem uns aos outros nem se comunicam com frequência podem se tornar emocionalmente separados. Bem, é o mesmo entre você e Deus. Se você não fica em contato com ele, começa a se sentir distante, mesmo quando não está. É por isso que você deve orar diariamente. Além disso, quando passa tempo com alguém que você respeita, o caráter dessa pessoa passa um pouco para você. Quando você está na presença de Deus, o caráter dele é formado em você.

Muitos de nós somos especialmente vulneráveis ao ataque do inimigo em nossa autoestima. Não é preciso muita coisa para nos desanimar e nos fazer sentir distantes de Deus. É por isso que é importante começar o dia com algum tipo de oração. Precisamos determinar para nós mesmos e nossa vida que estamos em conexão com ele.

Somente por meio da oração podemos receber o melhor de Deus para nossa vida e conseguimos afastar as coisas que nunca foram a vontade de Deus para nós. Precisamos aprender que não podemos deixar nossa vida ao acaso. Precisamos orar por qualquer coisa que nos envolva, quer seja grande — "Pois nada é impossível para Deus" (Lucas 1:37) — ou pequena — "Até os cabelos da cabeça de vocês estão todos contados" (Mateus 10:30).

Se você tem alguma dúvida sobre a importância da oração ou se ainda está orando de forma breve, intermitente e imprevisível, veja as 15 razões para orar a seguir. Creio que as leituras bíblicas que as apoiam são muito inspiradoras também.

❀ QUINZE RAZÕES PARA ORAR

1. Para buscar a face do Senhor e conhecê-lo melhor (Salmo 27:8).
2. Para tirar os olhos dos seus problemas e colocá-los no Senhor (Salmo 121:1).
3. Para falar com Deus (1 Pedro 3:12).
4. Para aliviar o seu coração (Salmo 142:1,2).
5. Para fazer seus pedidos a Deus (Mateus 21:22).
6. Para ouvir a Deus (Provérbios 8:34).
7. Para ficar livre do sofrimento (Tiago 5:13).
8. Para resistir à tentação (Mateus 26:41).
9. Para ser salvo da tribulação (Salmo 107:19).
10. Para receber a recompensa de Deus (Mateus 6:6).
11. Para resistir ao mal (Efésios 6:13).
12. Para ter alegria (João 16:24).
13. Para chegar perto de Deus (Isaías 64:7).
14. Para ser curado emocionalmente (Tiago 5:13).
15. Para ter paz (Filipenses 4:6,7).

Faça o que tiver de fazer para reservar um lugar e tempo para orar. Quando eu era solteira e durante os primeiros anos de casamento, isso não era um problema. No entanto, depois que nosso primeiro filho nasceu, ficou muito mais difícil. Quando o nosso segundo filho chegou, a única maneira de passar um tempo com o Senhor era me levantando às cinco e meia da manhã. O único lugar onde eu podia ir a essa hora e não incomodar ninguém era um pequeno armário em frente ao banheiro principal. Que contraste com os meus primeiros anos de vida, trancada num armário de castigo! Agora eu ia para lá para ter comunhão com Deus. Isso funcionou bem por um tempo, até que fui descoberta. Inicialmente, era visitada regularmente por minha filha de 18 meses de idade que aprendeu a sair do seu berço e vinha me procurar. Logo ela estava acompanhada por seu irmão mais velho de seis anos de idade.

Certa manhã, quando meus dois filhos, meu marido, dois cães e vários hamsters acabaram aparecendo no armário, eu sabia que era hora de me levantar mais cedo ou encontrar um novo local. Às vezes precisamos rever nossos planos, mas garantir um tempo e lugar para ficar a sós com Deus vale qualquer esforço. Sem reduzir a oração a uma fórmula, achei que seria bom incluir determinados pontos-chave em cada tempo de oração:

- Diga ao Senhor o quanto você o ama.
- Agradeça a ele por tudo que fez por você.
- Declare quão dependente você é dele.
- Diga-lhe tudo o que está em seu coração.
- Confesse qualquer coisa que precise ser confessada.
- Entregue a ele todos os seus pedidos.
- Espere que ele fale ao seu coração.
- Louve-o por trabalhar poderosamente em sua vida.

Nunca se sinta inibido por achar que não consegue orar. Se você pode falar, você pode orar. E não se preocupe com questões sobre oração, questões sobre a igreja ou questões sobre o Cristianismo. A Bíblia nos informa a única qualificação que é necessária: "Quem dele se aproxima precisa crer que ele existe e que recompensa aqueles que o buscam" (Hebreus 11:6). Nós só precisamos crer que ele é um Deus bom.

Quanto mais você orar, mais coisas vai descobrir sobre as quais orar e mais você vai ser levado a orar pelos outros: membros da família (como consta nos meus livros *O poder da esposa que ora* e *O poder dos pais que oram*), amigos, inimigos e todos aqueles com autoridade em qualquer área de sua vida (pastor, professor, chefe, governador, presidente). Você vai orar por eles, não só porque eles influenciam sua saúde emocional e porque parte da paz que você experimenta irá resultar diretamente desse tipo de oração, mas porque Jesus lhe pediu para fazê-lo.

❀ Deus sempre ouve minhas orações?

Você nunca pode ser desqualificado como uma pessoa de oração, por isso não fique desanimado por vozes negativas que dizem coisas como: "Você não é bom o suficiente para chegar diante do trono de Deus" ou "Você fracassou de novo, então não vá voltar chorando para Deus". Mentiras, mentiras, mentiras! Não dê ouvidos a nenhuma delas. Imagine um Pai que nunca trabalha até tarde, nunca o ignora ou o rejeita, nunca está demasiadamente ocupado e está sempre esperando que você venha e fale com ele. E ainda que você tenha muitos irmãos e irmãs, você nunca está competindo com eles, porque esse pai não tem favoritos. Eu sei que esse tipo de amor é difícil receber se você nunca foi amado assim quando criança, mas essa é a disponibilidade do seu Pai celestial para com você. Como o pastor Jack Hayford tão sucintamente coloca: "O Pai celestial está esperando para ouvir você. Ligue para casa!"

Não deixe que o desânimo de uma oração não respondida faça com que você duvide que Deus o ouviu. Se você aceitou

Jesus e está orando em seu nome, então Deus o ouve e algo está acontecendo, quer você veja a manifestação disso em sua vida agora ou não. Na verdade, toda vez que você ora, está antecipando os propósitos de Deus para você. Sem oração, o pleno propósito que Deus tem para você não pode acontecer.

❀ Poder em números

É importante entender que o bem-estar espiritual depende de dois tipos de oração frequentes. Um tipo é a oração profunda, íntima, solitária — só você e Deus. O outro é a oração em conjunto com outros crentes — orando uns pelos outros. A batalha para enfrentar a tentação e permanecer no centro da vontade de Deus será muito mais difícil de combater totalmente sozinho. Precisamos de outros orando por nós para nos dar força, para nos ajudar a pensar direito e olhar acima das circunstâncias.

A Bíblia diz: "Pois onde se reunirem dois ou três em meu nome, ali eu estou no meio deles" (Mateus 18:20). Há poder quando duas ou mais pessoas oram juntas, porque elas contam com a presença de Deus. Essa é uma das suas promessas, e quando ele promete algo, ele realmente cumpre. Não acredito que você possa encontrar bem-estar espiritual completo a menos que as pessoas permaneçam com você em oração.

Minha amiga Diane, que levei para o Senhor, tinha sido minha melhor amiga desde o colegial. Em função de termos tido situações semelhantes de famílias desestruturadas, entendíamos nossas mútuas necessidades de oração e adquirimos o hábito de orar regularmente pelo telefone várias vezes por semana. Realmente era mais fácil orar por ela do que orar por mim mesma, porque não havia fim para as possibilidades que eu conseguia visualizar para ela (descobri que não é possível orar muito por si mesmo sem ficar entediado ou frustrado por estar muito perto da própria situação). Nossas orações uma pela outra foram fundamentais para nosso crescimento espiritual.

Aos poucos, os meus parceiros de oração aumentaram de um para três, depois cinco e, por fim, sete. Esses grupos se reuniram em minha casa toda semana durante anos. Meu marido Michael e eu também tínhamos vários casais que se encontravam conosco para orar mensalmente. Com muitas pessoas unidas em oração umas pelas outras, alguém está orando por cada um dos membros o tempo todo. Não posso imaginar enfrentar a vida sem esse apoio.

Quando minha família e eu nos mudamos para outro estado, tivemos de começar tudo de novo porque não conhecíamos muitas pessoas. No entanto, fomos abençoados por minha irmã Suzy e sua família, e meu amigo pessoal, Roz, e sua família, que mudaram para a mesma cidade ao mesmo tempo. Eles fizeram parte do meu grupo de oração durante anos. Isso não foi uma coincidência. Acredito que Deus estava no centro de sua decisão, assim como ele estava no centro da nossa.

Imediatamente, Suzy, Roz e eu começamos nosso grupo de oração, simplesmente com os três. No começo, pensei: "Senhor, nossas orações são poderosas o bastante com apenas três pessoas orando? No entanto, sei que o Senhor diz que quando dois ou três estiverem reunidos em seu nome, o Senhor estará no meio deles. Precisamos muito que o Senhor esteja no nosso meio todos os dias".

Naqueles primeiros dias, oramos para Deus enviar novos membros para nosso grupo de oração. Oramos por nossa igreja. Nossos vizinhos. Nossa comunidade. Se um de nós estava doente, os outros dois estariam lá em oração. Se um de nós estava fraco, os outros dois iriam sustentá-lo em oração. Ficamos gratos pela força das orações recíprocas e nos tornamos cada vez mais dependentes de Deus para cada passo que dávamos. Cada um de nós concordou que não saberíamos como poderíamos sobreviver àquela transição difícil sem aquelas orações.

Todo mundo precisa de uma ou mais pessoas com as quais possa orar e entrar em concordância todo mês, toda semana ou diariamente se necessário. Você precisa disso também. Entretanto, isso deve ser uma via de mão dupla. Você deve estar orando por elas, também. Não tenha medo, timidez ou hesitação em dar esse passo vital. Peça a Deus para conduzi-lo a pelo menos outro cristão, e ser ousado o suficiente para perguntar a essa pessoa se ela deseja orar com você regularmente. Se a primeira a quem você perguntar não puder fazê-lo ou não der certo, não se sinta rejeitado ou fique desanimado, apenas continue procurando pela pessoa certa. E não hesite em orar pelos pedidos que alguém fizer porque você tem medo de que suas orações não sejam respondidas, como eu fiz no começo. Lembre-se de que seu trabalho é fazer a oração; é trabalho de Deus respondê-las.

Se você for suficientemente abençoada por ter um marido que irá orar por você regularmente, isso é ótimo. No entanto, se o seu cônjuge não parece muito entusiasmado com a ideia, não se preocupe nem se atormente ou fique chateada. Nunca podemos dizer às pessoas como elas devem agir, principalmente aos maridos. Simplesmente releve. Sua felicidade e bem-estar espiritual não dependem dele. Dependem de Deus. Não permita que a decepção com a espiritualidade do seu cônjuge a intimide. Essa é a armadilha do inimigo para causar conflitos no lar e impedi-la de ir em direção a tudo que o Senhor tem para você.

Quer você ore com os outros ou ore sozinho, é benéfico ler a Palavra de Deus antes de orar, porque ela prepara o seu coração para orar segundo a vontade de Deus. Tenha um lápis e papel com você, assim você pode escrever qualquer coisa que o Senhor fale ao seu coração. Se precisar de uma aptidão para orar além de suas próprias capacidades, porque está muito fraco, muito chateado ou com muito medo, peça ao Espírito Santo para ajudá-lo.

Depois de orar por alguma coisa, coloque-a nas mãos de Deus. Isso não significa que você não irá orar sobre ela novamente, só quer dizer que você colocou esse fardo aos pés do Senhor. A resposta sempre virá, embora possa não ser da maneira que você espera ou de acordo com seu tempo. O mais importante é que você passou algum tempo na presença do Senhor, quando pôde ouvir Deus falar com você sobre a vontade dele para a sua vida.

❈ ORAÇÃO

Deus, tenho um profundo desejo de me aproximar do Senhor em oração. Ajude-me a estar acima das distrações e atividades que roubam esses momentos com o Senhor. Ajude-me a fazer da oração uma prioridade para que eu possa saber qual é a sua vontade para a minha vida.

FERRAMENTAS DA VERDADE

- ❀ A oração de um justo é poderosa e eficaz. (Tiago 5:16)

- ❀ E tudo o que pedirem em oração, se crerem, vocês receberão. (Mateus 21:22)

- ❀ Em alta voz clamo ao Senhor; elevo a minha voz ao Senhor... Derramo diante dele o meu lamento; a ele apresento a minha angústia. (Salmo 142:1,2)

- ❀ Entre vocês há alguém que está sofrendo? Que ele ore. (Tiago 5:13)

- ❀ Porque os olhos do Senhor estão sobre os justos e os seus ouvidos estão atentos à sua oração. (1Pedro 3:12)

❀ Capítulo 11

*Orando para compreender a
liberdade no louvor*

....

"NÃO CONSIGO FAZER ISSO!" Clamei a Deus em oração, pouco depois que Michael e eu nos casamos. "Não consigo lidar com os pratos. Não consigo lidar com a casa. Não consigo lidar com o meu trabalho. Não consigo lidar com a solidão de ser casada com alguém que trabalha o tempo todo. Não consigo lidar com meus próprios altos e baixos emocionais, muito menos com os do meu marido! Não consigo fazer nada disso, Deus, nada disso!" Chorei diante do Senhor em uma mistura de frustração e culpa por estar me sentindo assim com relação ao meu marido, minha casa e minha vida. Deus havia me resgatado e me dado esperança e um futuro. Como poderia eu — que sabia o que era ter fome, ser pobre e sentir que não havia amor ou um propósito na minha vida — dizer a Deus que não conseguia lidar com essas respostas às minhas orações?

Felizmente, o Senhor não me atingiu com um raio. Em vez disso, ele esperou em silêncio até que eu tivesse terminado e, em seguida, lembrou-me suavemente: *Você está tentando fazer tudo com sua própria força.* Enquanto estava sentada em meio ao meu desânimo, senti o Espírito Santo falando ao meu coração, dizendo simplesmente: "Tudo que você tem a fazer é me adorar no meio do que você está enfrentando, e eu farei o resto."

"Ah, obrigada, Senhor", orei cheia de lágrimas. "Acho que consigo fazer pelo menos isso."

Levantei minhas mãos e disse em voz alta: "Senhor, eu te louvo em meio à minha situação. Obrigada, porque o Senhor é Todo-poderoso e não há nada que lhe seja muito difícil. Obrigada por quem o Senhor é e por tudo que tem feito por mim. Eu o adoro, Jesus, Deus Todo-poderoso, Pai Santo, Senhor da minha vida."

"Senhor, eu lhe entrego minha casa, meu casamento, meu marido e meu trabalho. Eles são seus", eu disse enquanto meus ombros relaxavam, o nó no estômago saía e eu suspirava com lágrimas de alívio. A pressão foi embora. Eu me senti livre do fardo que estava carregando, pois a carga agora era dele. Não tinha mais de tentar ser perfeita e não tinha de me agredir quando não era tudo que eu pensava que deveria ser. Desde aquela época, o louvor se tornou uma atitude habitual do meu coração que diz: "Não importa o que está acontecendo no meu interior e ao meu redor, *Deus está no comando!* Confio nele para extrair o que há de bom desta situação e as coisas cooperarem para minha maior bênção."

Louvar nem sempre é a minha primeira reação às situações, no entanto preciso me lembrar com frequência do ensinamento do pastor Jack Hayford sobre o louvor. Ele disse: "Não se trata de você dizer: 'eu vou dar tudo que tenho e o Senhor irá abençoar'; ao contrário, é o Senhor que lhe diz: 'você acabou de abençoar o meu nome e *eu* vou lhe dar tudo o que *eu* tenho.'"

Agora, quando chego a um lugar no qual minha carne não pode mais prosseguir, paro onde estou e adoro a Deus. Essa chave destrancou até mesmo a mais pesada das portas e iluminou a mais escura das noites. Ela o liberta, tirando seu pensamento de si mesmo e transferindo-o para o Senhor. Ela o ajuda a encontrar o seu caminho quando você não sabe dar o próximo passo.

❀A chave para a transformação

A adoração é poderosa porque a presença de Deus vem habitar em nosso meio quando o adoramos, e na presença de Deus encontramos a cura, a transformação e o sentido para nossa vida. Na verdade, quanto mais tempo passamos louvando ao Senhor, mais veremos nós mesmos e nossas circunstâncias crescerem em plenitude e integralidade. Isso é porque o louvor quebranta o nosso coração e o torna maleável. Também nos envolve com proteção. Quanto mais a flexibilidade e a cobertura são mantidas, mais rapidamente os nossos corações podem ser moldados e curados.

Leia o parágrafo anterior novamente, por favor. Sublinhe-o, circule-o, desenhe setas apontando para ele, envie-o para sua memória, escreva-o em sua mão ou faça tudo o que você tiver de fazer para lembrá-lo. Essa importante verdade é a primeira coisa da qual nos esquecemos e a última coisa de que nos lembramos, porque nossa carne instintivamente não quer fazer isso.

Louvar e adorar a Deus são invariavelmente atos da vontade. Às vezes nossos problemas ou os fardos que carregamos sufocam as nossas boas intenções, então precisamos fazer um esforço para estabelecer o louvor como uma forma de vida. E o louvor se torna uma forma de vida quando fazemos dele a nossa primeira reação ao que enfrentamos e não o último recurso. É assim que encontramos a verdadeira liberdade no Senhor.

Agora é o momento de começar a ser grato a Deus por tudo em sua vida. Agradeça a ele por sua Palavra, sua fidelidade, seu amor, sua graça, sua cura. Agradeça pelo que ele fez por você em particular. Se você tiver dificuldade para pensar em alguma coisa, então agradeça por ainda estar respirando e por poder ler. Tenha em mente que tudo o que você agradecer ao Senhor — a paz, a bênção financeira, a saúde, um novo emprego, o fim da depressão — irá iniciar o processo de libertação de seu ser naquele momento. Leia a lista de "Quinze Razões para Louvar ao Senhor" a seguir para ajudar a motivá-lo. Tem de haver pelo menos uma razão que irá fazê-lo querer louvar a Deus.

No Antigo Testamento, as pessoas que carregavam a Arca da Aliança paravam a cada seis passos para a adoração. Nós também precisamos nos lembrar de não ir muito longe sem parar para adorar. Para o nosso bem-estar espiritual, precisamos ser pessoas de "seis passos" e continuamente convidarmos a presença do Senhor para reinar nas situações que nos envolvem. Precisamos ser livres para louvá-lo, independentemente das circunstâncias.

O motivo pelo qual as pessoas não agradecem a Deus em louvor é porque elas não o conhecem suficientemente bem. Quanto mais você o conhece, mais percebe sua bondade e não pode deixar de agradecer, louvar e adorar por quem ele é e pelo que tem feito. E quanto mais você fizer isso mais alegria terá em seu coração. O pastor Jack Hayford descreve alegria como "aquela confiança interna e cheia de esperança de que não existe nada que possa resistir com êxito à inevitabilidade do triunfo indubitável de Cristo em mim". Que coisa maravilhosa perceber isso em si mesmo! Tal conhecimento do Senhor é o alicerce para o seu bem-estar espiritual e o passo fundamental para a compreensão da vontade de Deus para sua vida.

✿ QUINZE RAZÕES PARA LOUVAR AO SENHOR

1. Para entronizar a Deus e reconhecer a sua grandeza (Salmo 95:1-5).
2. Para aumentar a nossa consciência da presença de Deus (Salmo 103).
3. Para ter a alegria do Senhor (Salmo 30).
4. Para reconhecer a mão de Deus em cada área da nossa vida (Salmo 91).
5. Para liberar o poder de Deus nas situações que nos cercam (Salmo 144).
6. Para conhecer melhor a Deus (Salmo 50:23).
7. Para quebrar as cadeias da escravidão e trazer livramento (Salmo 50:14,15).
8. Para estar debaixo da cobertura de segurança e proteção de Deus (Salmo 95:6,7).
9. Para fortalecer a alma e ser transformado (Salmo 138:1-3).
10. Para receber orientação e estabelecer os propósitos de Deus em nossa vida (Salmo 16:7-11).

11. Para frustrar os planos do diabo que visam a nossa destruição (Salmo 92).
12. Para dissipar a dúvida e aumentar a fé (Salmo 27).
13. Para ser liberto do medo (Salmo 34).
14. Para trazer um novo derramamento do seu Santo Espírito em nós (Salmo 40).
15. Para possuir tudo o que Deus nos prometeu (Salmo 147).

❀ Adoração à maneira de Deus

Para ter bem-estar espiritual e conhecer a vontade de Deus, devemos adorar a Deus à maneira dele. No entanto, a sua maneira muitas vezes não se encaixa no nosso plano ou estilo. Existem várias formas de louvar a Deus que nem sempre acontecem facilmente, mas são cruciais para a saúde espiritual. A liberdade no louvor traz uma poderosa libertação.

1. O louvor deve ser cantado. O rei Davi disse no Salmo 147:1: "Como é bom cantar louvores ao nosso Deus! Como é agradável e próprio louvá-lo!" Muitas vezes isso é difícil para nós porque cantar às vezes é a última coisa que sentimos vontade de fazer, ou porque estamos tão conscientes de nossas vozes que não abrimos a boca nem mesmo quando estamos sozinhos. No entanto, na Bíblia, os cantores iam adiante das tropas para a batalha, porque os seus louvores cantados a Deus confundiam o inimigo. Funciona exatamente da mesma maneira para nós hoje em dia.

Muitas vezes, nos primeiros dias da minha caminhada com Deus, minha alma estava tão atormentada com a depressão no meio da noite que eu me levantava, me trancava no meu armário de oração para que não acordasse ninguém e cantava baixinho para o Senhor. Cantava um hino ou um corinho, ou inventava uma canção. Às vezes, tudo que eu conseguia cantar era: "Obrigada, Jesus. Eu te louvo, Senhor", repetidamente até sentir a opressão sair e a força e a vida entrarem em minha alma.

Você pode estar tão deprimido ou ferido que sente que não pode nem mesmo abrir sua mandíbula. Quando isso acontecer, diga: "Deus, me dê uma canção em meu coração que eu possa cantar para o Senhor", e comece a cantarolar para o Senhor qualquer melodia que lhe vier à mente. Em seguida, diga palavras que venham do seu coração. Não se preocupe com a afinação, o ritmo, a melodia ou o som de sua voz. Cante tudo em uma nota se quiser. Lembre-se de que o verdadeiro cantor é aquele que tem a música de Deus em seu coração. O Senhor acha que sua voz é linda. Ele o criou com o propósito de louvá-lo. Continue a cantar sobre a situação que está vivendo porque, conforme você o faz, algo acontece no reino espiritual e você irá sentir o peso ir embora.

2. O louvor deve ser expresso com a elevação de suas mãos. "Levantem as mãos na direção do santuário e bendigam o Senhor" (Salmo 134:2). Levantar as mãos ao Senhor enquanto louvamos a Deus também é um ato da vontade que não faz parte da nossa natureza. Não é realmente a força dos nossos braços que levanta nossas mãos, mas é o coração. Quando nosso coração está agradecido a Deus, é bem mais fácil levantar nossas mãos e louvá-lo. No entanto, quando nosso coração está pesado, triste, deprimido, irritado, desanimado ou cansado, ainda devemos fazer com que ele as levante. A adoração é o exercício do espírito subjugando a carne. Precisamos dizer a nós mesmos: "Vou me alegrar e ser feliz. Vou levantar as minhas mãos ao Senhor." Não podemos esperar que os bons sentimentos venham primeiro. Precisamos levantar nossas mãos e nos soltar para que a alegria do Senhor possa surgir em nosso coração.

A razão mais importante pela qual você deve fazer isso é abrir mão de tudo o que você está segurando e entregar a Deus: "Eu desisto, Senhor." Você também pode pensar nisso como uma forma de levar sua vida em suas mãos e oferecê-la a Deus: "Eu lhe dou tudo de mim, Senhor."

Quanto mais você exaltar a Deus em submissão, mais liberdade irá conhecer. Lembre-se de que tudo o que Deus lhe pede para fazer é para *seu* benefício, não dele. Ele não pede que você faça coisas que irão envergonhá-lo ou vão fazer com que você se sinta estúpido. Ele pede para você fazer coisas que irão torná-lo mais íntegro e irão dar à sua vida um significado maior.

3. O louvor deve ser feito a sós, ou em conjunto com outros irmãos. "Proclamarei o teu nome a meus irmãos; na assembleia te louvarei" (Hebreus 2:12). Eu costumava ir rapidamente à igreja, chegando com 30 minutos de atraso no final das manhãs de domingo. Até chegar lá, encontrar um lugar e me acomodar nele, o período de louvor havia terminado e o pastor estava pregando. Não estava preocupada com isso, porque eu estava lá para o ensinamento.

No entanto, minha mente vagava por toda parte e não se fixava na mensagem até que a metade do sermão estivesse terminada.

Nos dias em que eu chegava com tempo de sobra para conseguir um lugar antes de o culto começar, eu participava plenamente durante o tempo de adoração inteiro, e percebia que estava aberta para receber a mensagem como se Deus estivesse falando diretamente para mim. Meu coração estava quebrantado e receptivo ao que o Espírito Santo queria me ensinar, por causa dos 30 a 40 minutos que eu havia gastado adorando a Deus em unidade com os outros crentes. As atitudes negativas com as quais cheguei se dissipavam e eram substituídas por outras mais alinhadas com o que Deus desejava.

Não perca momentos de adoração com outros cristãos. A adoração em grupo é poderosa a ponto de quebrar as fortalezas em sua vida e permitir as mudanças que não poderiam ocorrer de outra forma. Muitas emoções negativas serão liberadas de seu coração na adoração em grupo e isso irá protegê-lo de tudo o que rouba a sua paz.

❀ Uma arma contra a futilidade

Sem o louvor vivenciamos um desgaste que leva à escravidão e à morte. A Bíblia diz: "Tendo conhecido a Deus, não o glorificaram como Deus, nem lhe renderam graças, mas os seus *pensamentos* tornaram-se *fúteis* e o coração insensato deles *obscureceu-se*." (Romanos 1:21, ênfase da autora). Por meio do louvor, você e as circunstâncias que o cercam podem ser mudados, porque ele propicia o acesso de Deus a cada área de sua vida e permite que ele seja entronizado nessas áreas.

Então, toda vez que você luta com emoções negativas, como raiva, rancor, medo, mágoa, depressão ou desprezo próprio, agradeça a Deus porque ele é maior do que tudo isso. Agradeça-lhe porque os seus planos e propósitos para você são bons. Agradeça porque em qualquer ponto fraco de sua vida, Deus será forte. Agradeça porque ele veio para restaurá-lo. Lembre-se dos nomes do Senhor e use-os em sua adoração. "Eu o louvo, Senhor, porque o Senhor é o meu Libertador e Redentor." "Obrigado, Deus, porque o Senhor é meu Curador e Provedor." Depois de se alinhar com os propósitos de Deus por meio do louvor, você pode agradecer a ele por coisas que ainda não vê em sua vida como se elas já estivessem lá.

Por exemplo, se você está irritado com um cônjuge ou amigo, poderia orar: "Senhor, aparentemente não sou capaz de superar a raiva que sinto por essa pessoa, mas o Senhor é Todo-poderoso e pode fazer isso acontecer. Eu lhe agradeço e louvo pelo seu poder em minha vida." Fazer isso é sua maior arma contra os sentimentos de raiva ou inadequação que minam tudo o que Deus lhe preparou para ser.

⊛ ORAÇÃO

Senhor, eu agradeço porque o Senhor é a minha força. Obrigado porque não importa o que eu enfrente neste momento, o Senhor é maior. Sou grato porque o Senhor me dá o conhecimento e a força de que necessito para chegar aonde preciso ir. Eu o louvo neste dia por quem o Senhor é e por sua bondade para comigo.

FERRAMENTAS DA VERDADE

* Por meio de Jesus, portanto, ofereçamos continuamente a Deus um sacrifício de louvor, que é fruto de lábios que confessam o Seu nome. (Hebreus 13:15)

* No entanto, está chegando a hora, e de fato já chegou, em que os verdadeiros adoradores adorarão o Pai em espírito e em verdade. São estes os adoradores que o Pai procura. (João 4:23)

* Alegrem-se sempre... Deem graças em todas as circunstâncias, pois esta é a vontade de Deus para vocês em Cristo Jesus. (1Tessalonicenses 5:16,18)

* Cumprirei os votos que te fiz, ó Deus; a ti apresentarei minhas ofertas de gratidão. Pois me livraste da morte. (Salmo 56:12,13)

* Vocês, porém, são... povo exclusivo de Deus, para anunciar as grandezas daquele que os chamou das trevas para a sua maravilhosa luz. (1Pedro 2:9)

Capítulo 12

Orando para a libertação de pecados não confessados

O PECADO NÃO CONFESSADO afeta toda a nossa vida. E muitas vezes nós não reconhecemos isso.

Depois que vim a conhecer o Senhor e experimentei esse sentimento aconchegante, íntimo e maravilhoso de andar com Deus, eu ainda caía em alguns velhos e familiares maus hábitos. Eu só havia conhecido o Senhor alguns meses antes de sair em turnê com um grupo de música. Nenhum deles era crente, e por isso foi fácil ser atraída de volta ao seu estilo de vida de farras e bebidas.

Quando voltei para casa após um mês de vida decadente, voltei à igreja, mas não senti a intimidade com Deus que eu vinha vivenciando antes de partir. Reconheci que era provavelmente porque Deus não estava satisfeito com a maneira que estive vivendo nas últimas quatro semanas. Comecei a me sentir culpada, deprimida e desesperada com a minha vida novamente.

No domingo seguinte, o pastor Jack falou sobre os danos que o pecado não confessado pode causar em nossa alma. Eu sabia que Deus estava falando comigo. Bem ali, na igreja, eu calmamente confessei ao Senhor as minhas ações pecaminosas do mês anterior. No momento em que eu o fiz, senti aquela sensação maravilhosa do amor de Deus novamente, e não conseguia parar de chorar. Naquele momento, estava pensando que Deus havia virado as costas para mim, mas a verdade é que minhas ações tinham me separado dele. Detestei aquele sentimento de estar distante de Deus, e fiz um voto de nunca deixar que um pecado não confessado ficasse entre nós novamente. Gostaria de dar o meu melhor para viver da maneira de Deus, mas se eu falhasse, iria confessar imediatamente para que pudesse receber o seu perdão e não perder a comunhão íntima com ele que havia passado a apreciar bastante.

❀ O peso do pecado não confessado

Quando o pecado não é confessado, começa a se desenvolver sutilmente, estendendo seus tentáculos ao redor de cada parte do nosso ser, até ficarmos paralisados. A agonia dessa prisão é descrita com precisão na Bíblia pelo rei Davi:

> Enquanto eu mantinha escondidos os meus pecados,
> o meu corpo definhava de tanto gemer. Pois dia e
> noite a tua mão pesava sobre mim; minhas forças
> foram-se esgotando como em tempo de seca.
> Então reconheci diante de ti o meu pecado e não
> encobri as minhas culpas. Eu disse: Confessarei
> as minhas transgressões ao Senhor, e tu perdoaste
> a culpa do meu pecado. (Salmo 32:3-5)

Quando o pecado deixa de ser confessado, uma parede

se levanta entre você e Deus. Mesmo que o pecado possa ter cessado, se ele não foi confessado diante do Senhor, ainda vai oprimi-lo, arrastando-o de volta para o passado que você está tentando deixar para trás e impedindo-o de seguir em direção ao futuro que Deus tem para você. Sei disso porque costumava carregar um saco de fracassos nas minhas costas, tão pesado que eu mal conseguia me mover. Não percebi o quanto havia me rebaixado espiritualmente. Quando confessei o meu pecado, realmente senti o peso ser retirado.

Muitos de nós sofremos de baixa autoestima, medo e culpa. Mentalmente nos agredimos, tendemos a pensar o pior sobre a nossa situação e nos sentimos responsáveis por tudo que dá errado. É verdade que podemos ter momentos em que nos sentimos culpados por coisas que fizemos, mas não precisamos ser torturados, vivendo eternamente com culpa. Deus providenciou a solução da confissão para nos libertar disso.

Muitas vezes deixamos de nos ver como responsáveis por determinadas ações. Por exemplo, embora não seja sua culpa se alguém o feriu, sua reação é de sua responsabilidade. Você pode se sentir justificado em sua raiva ou rancor, mas ainda deve confessá-los porque fazem com que você se desvie daquilo que Deus tem para você. Se não o fizer, o peso desses sentimentos acabará por esmagá-lo. Ele vai tirá-lo do caminho que Deus tem para você.

❈ A resposta é o arrependimento

Para a confissão funcionar, o arrependimento deve andar junto com ela. O arrependimento literalmente significa uma mudança de mente. Isso quer dizer virar as costas, afastar-se e decidir não fazê-lo novamente. Significa ter o seu pensamento alinhado corretamente com Deus. É possível confessar sem realmente nunca ter admitido absolutamente nenhum erro. Na verdade, podemos nos tornar simplesmente bons "pedidores de desculpas", sem nenhuma intenção de agir de outra maneira. Confessar e se arrepender significa dizer: "É minha culpa. Sinto muito e não vou mais fazer isso."

Todo pecado precisa ser confessado e gerar arrependimento a fim de que você possa ficar livre da escravidão, mesmo que você se sinta mal com isso ou não, que o reconheça como pecado ou não. A Bíblia diz: "Embora em nada minha consciência me acuse, nem por isso justifico a mim mesmo; o Senhor é quem me julga" (1Coríntios 4:4).

Toda vez que você confessar alguma coisa, observe se honesta e verdadeiramente não quer mais fazer isso. E lembre-se de que Deus "conhece os segredos do coração" (Salmo 44:21). Estar arrependido não necessariamente quer dizer que você nunca irá fazer isso novamente, mas realmente significa que você não pretende fazê-lo novamente. Se você achar que está cometendo o mesmo pecado repetidamente, é preciso confessá-lo toda vez. Se tiver cometido um pecado que você acabou de confessar no dia anterior, não deixe que isso fique entre você e Deus. Confesse-o novamente. Contanto que você esteja realmente arrependido todas as vezes, será perdoado e acabará por ser completamente liberto. A Bíblia diz: "Arrependam-se, pois, e voltem-se para Deus, para que os seus pecados sejam cancelados" (Atos 3:19).

Por não sermos perfeitos, a confissão e o arrependimento são contínuos. Há sempre novos níveis da vida com Jesus que precisam ser trabalhados em nós. Estamos aquém da glória de Deus de formas que ainda não podemos nem sequer imaginar. Portanto, também precisamos confessar nossos erros ocultos.

❀ Confessando os erros ocultos

Quando você está construindo um alicerce, precisa cavar a terra. O problema é que a maioria de nós não vai suficientemente fundo. Embora você não possa ver todos os seus erros o tempo todo, você pode ter um coração que está disposto a ser ensinado pelo Senhor. Peça a Deus para trazer luz sobre os pecados dos quais você não está ciente para que você possa confessá-los, arrepender-se e ser perdoado. Reconheça que há algo a confessar todos os dias e ore com frequência como fez Davi:

> Vê se em minha conduta algo te ofende, e dirige-me pelo caminho eterno. (Salmo 139:24)

> Cria em mim um coração puro, ó Deus, e renova dentro de mim um espírito estável. (Salmo 51:10)

> Absolve-me dos que desconheço! (Salmo 19:12)

Às vezes, quando achamos que não temos nada a confessar, orar pela revelação de Deus irá desvendar uma atitude de não arrependimento, crítica ou falta de perdão, que criou raízes no coração. Confessar irá evitar que tenhamos de pagar o preço emocional, espiritual e físico por isso. Além disso, irá beneficiar nossa vida social, pois as imperfeições em nossa personalidade que não podemos ver, são, muitas vezes, óbvias para os outros.

O pecado leva à morte; o arrependimento conduz à vida. A quantidade de tempo que passa entre o pecado e o arrependimento será responsável pela quantidade de morte que é colhida em nossa vida. Se colhemos muita morte, os problemas não desaparecem imediatamente quando confessamos. Mas a nossa confissão inicia o processo de reverter o que aconteceu como resultado do pecado.

Também recebemos cura quando confessamos os nossos pecados para outra pessoa como propósito de oração. A Bíblia diz: "Confessem os seus pecados uns aos outros e orem uns pelos outros para serem curados" (Tiago 5:16). Peça ao Senhor para lhe mostrar quando é certo fazer isso. Contudo, escolha uma pessoa para confessar que seja confiável e que não irá usar as informações contra você.

Tenha sempre em mente que os caminhos de Deus são para o seu benefício. A confissão não tem o objetivo de que ele descubra algo; na verdade, ele já sabe. A confissão é para que você possa ser curado. Ele não está vigiando-o, esperando para puni-lo pelo que você faz de errado. Ele não precisa fazer isso, porque a punição é inerente ao pecado. Mas as pessoas que confessam encontram a misericórdia e o poder ilimitado de Deus.

⚘ ORAÇÃO

Amado Senhor, sei que pequei da seguinte forma: _____
_____
_____.

Perdoe-me pelo meu erro. Fico entristecido por tropeçar dessa forma, e me comprometo a virar as costas para esse pecado. Não estou apenas triste, estou verdadeiramente arrependido. Ajude-me a superar qualquer tendência desse erro em minha vida. Eu também lhe peço que me limpe dos erros ocultos. Mostre-me onde não vivo do seu jeito e me ajude a corrigir esses erros. Deus, não quero perder tudo o que o Senhor tem para mim. Não quero acobertar meus pecados e não prosperar. Quero abandoná-los e viver na sua misericórdia.

FERRAMENTAS DA VERDADE

- ⚘ Quem esconde os seus pecados não prospera, mas quem os confessa e os abandona encontra misericórdia. (Provérbios 28:13)

- ⚘ Amados, se o nosso coração não nos condenar, temos confiança diante de Deus e recebemos dele tudo o que pedimos, porque obedecemos aos seus mandamentos e fazemos o que lhe agrada. (1João 3:21,22)

- ⚘ Como é feliz aquele que tem suas transgressões perdoadas. (Salmo 32:1)

- ⚘ Nada, em toda a criação, está oculto aos olhos de Deus. Tudo está descoberto e exposto diante dos olhos daquele a quem havemos de prestar contas. (Hebreus 4:13)

- ⚘ Por causa de tua ira, todo o meu corpo está doente; não há saúde nos meus ossos por causa do meu pecado. As minhas culpas me afogam; são como um fardo pesado e insuportável. Minhas feridas cheiram mal e supuram por causa da minha insensatez. (Salmo 38:3-5)

❀ Capítulo 13

Orando para perdoar a si mesmo,
a Deus e aos outros

LUTEI POR ANOS TENTANDO perdoar minha mãe. Mesmo depois que me tornei uma pessoa adulta, ela continuou a ser abusiva, e eu precisava perdoá-la diariamente. Às vezes eu ficava longe dela e simplesmente deixava meu pai lidar com ela sozinho. Infelizmente, ela virou sua raiva contra ele. Quando ele ficou doente com uma infecção pulmonar, em vez de tentar ajudá-lo, ela preparava suas próprias refeições e comia na frente dele sem lhe oferecer nada. Ela dizia que se ele estivesse com fome poderia se levantar e pegar o seu próprio alimento.

Quando descobri tudo isso, fiquei muito aborrecida com ela. Que virada de acontecimentos! Eu tinha passado todos aqueles anos tentando perdoá-la por ter sido cruel comigo e agora precisava perdoá-la pela forma como tratava meu pai. Certamente não parecia haver nenhuma maneira de mudar a situação. Nós tínhamos tentado convencer meu pai a interná-la, mas quando ele chegou para assinar os papéis, não conseguiu fazê-lo. Ele ainda esperava que algum dia ela voltasse a ser a pessoa com quem pensava ter se casado.

"Senhor", eu orei, "sei que minha mãe está mentalmente doente e não sabe realmente o que está fazendo. Porém, ainda há algo em mim que se lembra do que ela fez e isso me deixa furiosa. Eu novamente lhe peço que me dê um coração perdoador para com ela".

O Senhor respondeu a essa oração repetidamente, à medida que cada nova ofensa trazia mais oportunidades para perdoar. Sei que nunca poderia ter ouvido a direção de Deus para minha vida se meu coração e minha mente estivessem obscurecidos pela falta de perdão.

❀ A escada para a plenitude

O perdão leva à vida. A falta de perdão é uma morte lenta. Não perdoar alguém não compromete a sua salvação e o deixa fora do céu, mas significa que você não vai desfrutar tudo o que Deus tem para você. E você pode acabar perambulando fora do centro da vontade de Deus.

O primeiro passo para perdoar é *receber o perdão de Deus* e deixar sua realidade penetrar na parte mais profunda do seu ser. Quando percebemos o quanto temos sido perdoados, é mais fácil entender que não temos o direito de julgar uns aos outros. Ser perdoado e liberto de tudo que já fizemos de errado é um dom milagroso, então, como poderíamos nos recusar a obedecer a Deus quando ele nos pede para perdoar aos outros assim como ele nos perdoou? É fácil, não é mesmo? Isso acontece porque concentramos nossos pensamentos na pessoa que cometeu um erro contra nós, em vez de nos concentrarmos em Deus, que faz todas as coisas certas.

O perdão é uma via de mão dupla: Deus o perdoa e você perdoa aos outros. Deus o perdoa rápida e completamente após sua confissão do delito. Você deve perdoar aos outros de forma rápida e completa, quer eles admitam a falha ou não. Na maioria das vezes, a pessoa não sente que fez algo de errado, e se o sente, certamente não quer admitir isso para você.

Perdoar é uma escolha que fazemos. Baseamos a nossa decisão não sobre o que estamos dispostos fazer, mas no que sabemos que é certo fazer. Eu não sentia vontade de perdoar minha mãe. Em vez disso, escolhi perdoá-la, porque a Palavra de Deus diz: "Perdoem, e serão perdoados" (Lucas 6:37). O versículo também diz que não deveríamos julgar se não queremos ser julgados.

Eu precisava entender que Deus ama minha mãe tanto quanto me ama. Ele ama todas as pessoas, tanto quanto me ama. Ele ama o assassino, o estuprador, a prostituta e o ladrão. E ele odeia todos os seus pecados, tanto quanto odeia os nossos. Ele odeia o assassinato, o estupro, a prostituição e o roubo tanto quanto odeia o orgulho, a fofoca e a falta de perdão. Nós podemos nos sentar e comparar os nossos pecados com os das outras pessoas e dizer: "Os meus não são tão ruins", mas Deus diz que todos eles fedem, por isso não deveríamos nos preocupar com aqueles cujo cheiro é pior. A coisa mais importante a se lembrar quando se trata de perdoar é que *o* perdão não faz com que a outra pessoa esteja certa, mas a liberta.

❁ Perdoar a si mesmo e a Deus

Enquanto perdoar aos outros é fundamental, o perdão também é necessário em duas outras áreas. Uma delas é perdoar a si mesmo. Muitos de nós pensamos: "Eu deveria conseguir fazer isso; eu deveria ser esse tipo de pessoa, eu deveria ter feito mais do que fiz a esta altura da minha vida". Eu certamente fui castigada por pensamentos desse tipo.

Deus é o único que é perfeito. Temos de ser capazes de dizer: "Eu me perdoo por não ser perfeito, e eu lhe agradeço, Deus, porque o Senhor está neste momento me tornando tudo o que me criou para ser."

Alguns de nós precisam perdoar a si mesmos pelos erros cometidos. Antes de conhecer o Senhor, desperdicei minha vida usando drogas, envolvendo-me com o ocultismo e em relacionamentos não saudáveis. Quando finalmente fui capaz de me perdoar, percebi que Deus poderia usar até mesmo essas experiências para a sua glória. Agora sou capaz de ministrar sobre a vida de mulheres que cometeram esses mesmos erros. Elas veem que se Deus me ajudou a superar essas coisas, isso é possível para elas também.

Além de perdoar aos outros e a si mesmo, você também deve observar se precisa perdoar a Deus. Se você estiver com raiva dele, diga assim: "Deus, eu tenho estado furioso com o Senhor desde que o meu irmão morreu naquele acidente." "Deus, estou furiosa com o Senhor desde que o meu bebê morreu." "Deus, estou furioso com o Senhor desde que não consegui aquele emprego pelo qual orei." Seja honesto. Você não vai esmagar o ego de Deus. Libere a mágoa e permita-se chorar. As lágrimas libertam e curam. Diga: "Senhor, confesso a minha mágoa, minha raiva e minha dureza de coração para com o Senhor. Não vou mais reter isso contra o Senhor."

O perdão é contínuo, pois uma vez que você lidou com o passado, as infrações constantes ocorrem no presente.

Nenhum de nós vive sem ter o nosso orgulho ferido ou sem ser manipulado, ofendido ou magoado por alguém. Cada vez que isso acontece, deixa uma cicatriz na alma se não for confessado e tratado diante do Senhor. Além disso, a falta de perdão também o separa das pessoas que você ama. Eles sentem um espírito de falta de perdão mesmo que não consigam identificá-lo e isso as torna tensas e distantes.

Você pode estar pensando: "Não preciso me preocupar com isso porque não tenho falta de perdão contra ninguém". Mas o perdão também tem a ver com não ser crítico em relação aos outros. Tem a ver com lembrar-se de que muitas vezes as pessoas são da forma como são em virtude de a vida tê-las moldado assim. Comecei a perdoar verdadeiramente minha mãe quando percebi quão difícil a sua infância havia sido e quantos problemas ela teve de enfrentar enquanto crescia até a idade adulta. Todos nós precisamos nos lembrar de que Deus é o único que conhece toda a história e, portanto, nunca temos o direito de julgar. Ficar preso na falta de perdão o impede de ser curado e receber a alegria e restauração que estão disponíveis para você. Ficar liberto para o futuro que Deus tem para você significa liberar tudo o que aconteceu no passado.

❀ ORAÇÕES

PERDOAR A SI MESMO

Deus, sei que o Senhor me perdoou pelos meus pecados de _____ _____. Eu agradeço por sua graça e seu amor incondicional. Estou verdadeiramente arrependido e quero superar essas tendências. Agora, Pai, ajude-me a perdoar a mim mesmo. Apague a minha culpa e crie um novo coração dentro de mim.

PERDOAR A DEUS

Deus, admito que estou aborrecido com o Senhor por causa de ___
_____. Ajude-me a ver as coisas a partir da sua perspectiva. Eu sei que o Senhor é um Deus bom e tem os melhores interesses em mente para mim o tempo todo. Perdoe-me por reter isso contra o Senhor. Cure-me de minha decepção.

PERDOAR AOS OUTROS

Deus, _____ me magoou assim: _____
_____. Eu não entendo por que isso aconteceu, mas sei que o Senhor quer que eu o/a perdoe. Ajude-me a me colocar no lugar dele/dela e compreender o que contribuiu para que ele/ela fizesse ou dissesse isso. Ajude-me a ser completamente liberto de toda a falta de perdão.

FERRAMENTAS DA VERDADE

- E quando estiverem orando, se tiverem alguma coisa contra alguém, perdoem-no, para que também o Pai celestial lhes perdoe os seus pecados. (Marcos 11:25)

- Livrem-se de toda amargura, indignação e ira, gritaria e calúnia, bem como de toda maldade. Sejam bondosos e compassivos uns para com os outros, perdoando-se mutuamente, assim como Deus os perdoou em Cristo. (Efésios 4:31,32)

- Não julguem, e vocês não serão julgados. Não condenem, e não serão condenados. Perdoem, e serão perdoados. (Lucas 6:37)

> ❁ Quem ama seu irmão permanece na luz, e nele não há causa de tropeço. Mas quem odeia seu irmão está nas trevas e anda nas trevas; não sabe para onde vai, porque as trevas o cegaram. (1João 2:10,11)

três

A caminhada em obediência

❀ Capítulo 14

*Orando para perceber a relação
entre obediência e bênção*

EU NÃO QUERIA MUDAR da Califórnia para Nashville. Frequentava uma ótima igreja, tinha ótimos amigos e uma casa ótima. Mas Michael sentia de forma diferente. Ele tinha viajado para Nashville duas vezes por mês para trabalhar e havia se apaixonado pela cidade.

Eu, porém, não visitava Nashville há 20 anos e não havia me apaixonado pela cidade, então estava resistente. "Se Deus está lhe dizendo para ir para Nashville", disse a Michael: "Por que ele não pode me dizer também?"

Estava orando toda semana com meu grupo de oração para Deus me mostrar a sua vontade, mas não tinha recebido uma resposta.

Dois meses depois, acompanhei Michael em uma viagem de negócios a Nashville. Quando fui para o nosso quarto para descansar antes do jantar, não conseguia dormir. Senti o Senhor dizendo: *Você deveria estar aqui.*

"É o Senhor mesmo, Deus?", orei.

Quanto mais eu permanecia lá, mais tinha certeza de que o Senhor estava dizendo que era a sua vontade que fizéssemos essa mudança.

Nós realmente fizemos a mudança dois meses mais tarde, e estávamos contentes por tê-la feito, porque a nossa casa na Califórnia foi destruída pelo terremoto Northridge. Estávamos agradecidos por ter ouvido e obedecido a Deus quando ele deu a direção para nossa vida. Esse tem sido nosso maior lembrete de que a obediência e a bênção andam de mãos dadas.

❀ Os benefícios da obediência

Quantas vezes pedimos a Deus para nos dar o que *nós* queremos, mas não queremos dar a Deus o que *ele* quer? Falta-nos o que mais desejamos — plenitude, paz, realização e alegria — porque não somos obedientes a Deus.

Muitas vezes não somos obedientes porque não entendemos que Deus estabeleceu algumas regras para nos proteger e trabalhar em nosso benefício. Os Dez Mandamentos não foram dados a nós para nos encher de culpa, mas são como um guarda-chuva de bênçãos e proteção contra a chuva do mal. Se optamos por viver fora da esfera da bênção, a escuridão e a confusão espiritual têm acesso à nossa vida e somos esvaziados do melhor de Deus. Quando obedecemos, a vida tem simplicidade, clareza e bênçãos ilimitadas.

Precisamos das leis de Deus porque não sabemos como fazer a vida funcionar sem elas. A Bíblia diz: "Nenhum atleta é coroado como vencedor, se não competir de acordo com as regras" (2 Timóteo 2:5). Se restauração é o nome do jogo, a obediência, então, é uma das regras. Quanto mais estudo as Escrituras, mais descubro que a Bíblia está cheia de promessas para aqueles que obedecem a Deus:

Existe a promessa de cura. "Façam caminhos retos para os seus pés para que o manco não se desvie, antes, seja curado" (Hebreus 12:13).

Existe a promessa da oração respondida. "Se eu acalentasse o pecado no coração, o Senhor não me ouviria" (Salmo 66:18).

Existe a promessa de que Deus luta nossas batalhas por nós. "Se o meu povo apenas me ouvisse, se Israel seguisse os meus caminhos, com rapidez eu subjugaria os seus inimigos e voltaria a minha mão contra os seus adversários" (Salmo 81:13,14).

Existe a promessa de viver uma longa vida em paz. "Guarde no coração os meus mandamentos, pois eles prolongarão a sua vida por muitos anos e lhe darão prosperidade e paz" (Provérbios 3:1,2).

Há muito mais promessas como essas, assim como muitas advertências sobre o que não irá acontecer em nossa vida se nós não obedecermos. Depois de lê-las, senti-me inspirada a pedir a Deus para me mostrar exatamente o que eu precisava fazer. Ele foi rápido em responder a essa oração. Observe o seu coração, ele disse. Você está realmente disposta a obedecer? Se assim for, essas promessas estão disponíveis para você — e para todos os meus filhos igualmente.

❈ A escolha é nossa — o poder é dele

Aprendi que Deus não impõe a obediência. Muitas vezes desejamos que ele fizesse isso porque seria mais fácil, mas ele nos dá livre escolha. Tive de pedir a Deus que me ensinasse a ser obediente como resultado do amor que sinto por ele e do desejo de servir àquele que fez tanto por mim. Se você desejar os mesmos benefícios, terá de fazer a mesma coisa. Fazer isso nos ajuda a compreender que o Senhor está ao nosso lado, e que o chamado à obediência não tem o objetivo de nos fazer sentir como um fracasso incorrigível se não fizermos tudo corretamente.

A Bíblia diz que foi dada uma nova vida a Noé, porque ele fez *tudo* o que Deus lhe pediu para fazer (Gênesis 6:22). A palavra *tudo* parece assustadora quando se trata de obediência, porque nos conhecemos bem o suficiente para duvidar de que podemos fazer tudo. E a verdade é que não podemos. Mas podemos pedir a Deus para nos capacitar a dar passos de obediência.

No instante em que damos um passo de obediência, Deus abre oportunidades para uma nova vida. Infelizmente, o contrário também é verdadeiro. No instante em que começamos a pensar que não é necessário obedecer, abrimos a porta para o mal. Oswald Chambers disse: "Se uma pessoa quer ter percepção do que Jesus Cristo ensina, ela só pode obtê-la pela obediência... a cegueira espiritual vem por causa de algo que não pretendo obedecer."[2]

Para qualquer pessoa que foi emocionalmente ferida de alguma forma, uma determinada ação de cura irá acontecer em sua vida apenas por ser obediente a Deus. A Bíblia diz: "Quem obedece aos mandamentos preserva a sua vida, mas quem despreza os seus caminhos morrerá" (Provérbios 19:16). Quanto mais obediente você for, mais escravidão será retirada de sua vida. Há também certa confiança saudável,

---

[2] Oswald Chambers. My Utmost for His Highest. Westwood, N.J.: Barbour & Co., 1984, p. 151.

que vem de saber que você obedeceu a Deus. Essa confiança constrói autoestima e fortalece uma personalidade abatida.

Quando você estiver tentando conhecer a vontade de Deus para sua vida, a obediência aos caminhos de Deus e as suas diretrizes serão uma obrigação. Você nunca estará no centro da vontade de Deus para sua vida se estiver constantemente vivendo em desobediência. Existem muitas áreas diferentes relacionadas à obediência, mas incluí apenas oito passos básicos que irão mantê-lo na direção certa. Eles são uma diretriz e não uma ameaça. Basta dar um passo de cada vez, lembrando-se de que o poder do Espírito Santo em nós nos capacita a obedecer a Deus.

✸ ORAÇÃO

Deus, não quero ser uma pessoa que cai toda vez que algo me abala. Não quero nada que me separe da sua presença e do seu amor. E realmente tenho um coração que quer obedecer. Por favor, mostre-me onde não estou vivendo em obediência ao Senhor e me ajude a fazer o que preciso fazer. Jamais quero perder sua perfeita vontade para minha vida por tolamente ter deixado de lhe obedecer.

FERRAMENTAS DA VERDADE

✸ Os que amam a tua lei desfrutam paz, e nada há que os faça tropeçar. (Salmo 119:165)

✸ Se vocês estiverem dispostos a obedecer, comerão os melhores frutos desta terra. (Isaías 1:19)

⚙ Sejam praticantes da palavra, e não apenas ouvintes, enganando-se a si mesmos. (Tiago 1:22)

⚙ Pensem nisto, pois: Quem sabe que deve fazer o bem e não o faz, comete pecado. (Tiago 4:17)

⚙ Aquele que diz: "Eu o conheço", mas não obedece aos seus mandamentos, é mentiroso, e a verdade não está nele. (1João 2:4)

❀ Capítulo 15

Orando para dizer "sim" a Deus
todos os dias de sua vida

QUANDO VOCÊ COMPRA UMA casa, primeiramente faz um grande pagamento de entrada. Em seguida, para permanecer com a casa, deve fazer um pagamento menor cada vez que chega o vencimento. Você não pode mudar de opinião e dizer: "Eu não estou com vontade de fazer os pagamentos!", sem que existam graves consequências.

O mesmo é verdade em seu relacionamento com Deus. Para que ele seja o seu lugar de moradia permanente, o pagamento inicial consiste em torná-lo Senhor sobre sua vida. Depois disso, pagamentos contínuos devem ser feitos, o que significa dizer sim sempre que Deus o orienta a fazer alguma coisa. Tudo isso faz parte de uma compra, mas uma parte ocorre inicialmente e as outras continuam de forma permanente e eterna (como os pagamentos da casa!). A diferença é que o Senhor vai receber de mim apenas a quantidade de pagamentos que eu estiver disposta a lhe dar. E somente posso possuir o que ele tem para mim à medida que estou confiante em minha obediência.

Dar o passo inicial de torná-lo Senhor sobre sua vida é igual para todos. Dizer sim para Deus todos os dias é uma questão individual. Deus lhe dá uma direção personalizada, assim ele pode lhe pedir para fazer algo que não está pedindo para nenhuma outra pessoa fazer. Por exemplo, ele pode estar orientando-o a sair de um emprego específico ou mudar para outra cidade. Você precisa confiar que Deus tem os melhores interesses em mente e estar disposto a fazer o que ele lhe pede, mesmo sem entender o motivo na ocasião. A obediência começa com um coração que diz sim para Deus. Nós nunca poderemos viver na vontade de Deus se não tivermos aprendido a dizer sim sempre que Deus der uma direção para nossa vida.

❀ Liberando seus sonhos

Sempre quis ser uma artista de sucesso. Fico constrangida com o quanto parece superficial até mesmo mencionar isso agora, mas era um impulso desesperado de quando eu era mais jovem. Desejava ser famosa e respeitada, sem importar o fato de que talvez não tivesse o que fosse necessário para atingir os objetivos. Depois que aceitei o Senhor e estava casada apenas há alguns meses, Deus claramente deu a entender em meu coração que eu não deveria mais fazer comerciais ou televisão. Eu não estava certa do porquê, mas sabia que não era certo para mim. Quando meu agente me presenteou com uma entrevista pela qual eu teria morrido antes, o pensamento sobre isso me dava uma sensação de superficialidade e inquietação semelhante à morte. Em virtude de a paz de Deus não acompanhar a probabilidade de fazê-lo, eu declinei todos os trabalhos que me foram oferecidos.

"Sim, Deus, eu não vou fazer esse comercial. Sim, Deus, eu não vou aceitar nenhum outro programa de televisão. Sim, Deus, eu não vou mais cantar em clubes. Sim, Deus, eu vou deixar a agência".

Gradualmente, todo o meu trabalho tinha ido embora. Deus tinha fechado as portas e me pediu para parar de bater naquelas que não estavam em seu plano para mim. A experiência foi assustadora, mas olhando para trás agora vejo com clareza as razões para isso. A arte de me apresentar era um ídolo para mim. Eu fiz isso exclusivamente pela atenção e aceitação que me traria, não porque adorava o trabalho. Minha identidade estava totalmente envolta no que eu fazia. Para mudar isso, Deus precisou tirar minha maneira de definir quem eu pensava que era e me ajudar a estabelecer a minha identidade em Jesus. Ele sabia que eu não podia ser curada do meu profundo sentimento de inferioridade se estivesse diariamente me colocando em uma posição de ser julgada por padrões superficiais.

A parte que não queremos ouvir é que chega o momento no qual cada um de nós deve colocar nossos desejos e sonhos nas mãos de Deus para que ele possa nos libertar daqueles que não são a sua vontade. Em outras palavras, você garante o seu futuro liberando o seu sonho para Deus e, se necessário, permitindo que ele morra. Se você sempre teve uma determinada imagem do que acha que deveria fazer, precisa estar disposto a deixar essa imagem ser destruída. Se ela realmente for o que Deus tem para você, ele irá levantá-lo para fazer isso e muito mais. Se não for, você ficará frustrado enquanto se apegar a ela.

Muitas vezes os desejos do seu coração são os desejos do coração de Deus, mas eles ainda devem ser realizados do jeito de Deus, não do seu, e você deve saber que é ele quem irá realizá-los em você, e que você não irá realizá-los sozinho. Deus quer que paremos de reter nossos sonhos e comecemos a nos apoiar nele para que ele possa nos capacitar a estar acima de nós mesmos e das nossas próprias limitações. Sempre que abrimos mão do que almejamos, Deus irá trazê-lo de volta para nós em outra dimensão.

❀ A arte da resposta rápida

Dizer sim para Deus significa estar disposto a obedecer imediatamente quando ouvimos a sua voz e não esperar até que tudo mais não dê certo ou até que tenhamos vontade ou até que não aguentemos mais. Para Deus nos transformar em uma pessoa inteira, temos de estar totalmente disponíveis para ele. Se ele está nos dizendo "Faça isto", então nossa resposta imediata "Sim, Deus" irá trazer os resultados desejados com mais rapidez.

Repetindo, isso é feito um passo de cada vez. Se você não puder confiar em Deus o suficiente para dizer: "Qualquer coisa que o Senhor me pedir eu farei", então continue trabalhando nisso. Devo admitir que dizer sim a Deus foi difícil para mim até que eu li as palavras de Deus nas Escrituras: "Quando *eu* os chamei, *eles* não me deram ouvidos; por isso, quando *eles* me chamarem, *eu* também não os ouvirei, diz o Senhor dos Exércitos" (Zacarias 7:13, ênfase da autora). Isso coloca tudo em uma nova perspectiva, não é? Se quisermos que Deus ouça nossas orações, precisamos ouvir e responder à sua voz.

Estar disposto a dizer sim a Deus me tornou uma candidata a muitas bênçãos e cura. Naturalmente, eu nem sempre o ouvi e nem sempre disse sim imediatamente, mas meu desejo é fazer isso. Dizer sim a Deus sem reservas é o primeiro passo de obediência, aquele que começa a construir uma vida bem-sucedida e gratificante no alicerce que estabelecemos sobre a Palavra: oração, confissão, louvor e perdão contínuo.

❀ ORAÇÃO

Amado Deus, ajude-me a sempre dizer sim para o Senhor. Ajude-me a não ter medo de confiar no Senhor e na sua vontade para minha vida. Quero experimentar tudo o que o Senhor tem para mim.

FERRAMENTAS DA VERDADE

- ❀ Quem vive segundo a carne tem a mente voltada para o que a carne deseja; mas quem vive de acordo com o Espírito, tem a mente voltada para o que o Espírito deseja. (Romanos 8:5)

- ❀ Jesus dizia a todos: "Se alguém quiser acompanhar-me, negue-se a si mesmo, tome diariamente a sua cruz e siga-me. Pois quem quiser salvar a sua vida a perderá; mas quem perder a sua vida por minha causa, este a salvará." (Lucas 9:23,24)

- ❀ Deleite-se no Senhor, e ele atenderá aos desejos do seu coração. (Salmo 37:4)

- ❀ Jesus lhe disse: "Retire-se, Satanás! Pois está escrito: Adore o Senhor, o seu Deus, e só a ele preste culto". (Mateus 4:10)

- ❀ Tenho grande alegria em fazer a tua vontade, ó meu Deus. (Salmo 40:8)

❀ Capítulo 16

Orando para permanecer
separado do mundo

A PRIMEIRA VEZ QUE ouvi Dolores Hayford falar, percebi que o pastor Jack havia herdado o dom de ensino de sua mãe. Em uma voz clara e suave, ela contou a história de seu filho caçula, Jim.

Um dia, o jovem Jim notou que algumas pessoas têm bênção sobre bênção, enquanto outras não. Ele perguntou à sua mãe: "Por que algumas pessoas conseguem todas as bênçãos de Deus?"

Depois de pensar um pouco, a senhora Hayford disse: "Filho, aquelas que conseguem todas as bênçãos de Deus são aquelas que se separam do mundo."

Essa parte do conselho maternal ficou na minha cabeça de forma tão profunda que refleti sobre isso durante as semanas seguintes. "O que é exatamente o mundo?", orei ao Senhor. "E como faço para me separar dele?"

Ao longo dos meses seguintes de estudo da Bíblia comecei a entender que o mundo é algo que se coloca contra Deus e os seus caminhos. A Bíblia diz: "Quem quer ser amigo do mundo faz-se inimigo de Deus" (Tiago 4:4).

Eu sabia que definitivamente não queria ser inimiga de Deus!

Também li: "Estejam alertas e vigiem. O Diabo, o inimigo de vocês, anda ao redor como leão, rugindo e procurando a quem possa devorar" (1Pedro 5:8). A Bíblia descreve Satanás como o nosso "inimigo", o "príncipe deste mundo", e ao concordar com os sistemas do mundo e suas formas de fazer as coisas, estamos concordando com ele.

No passado, eu havia rejeitado a ideia de um demônio, de forma essencialmente ingênua. Somente pessoas muito tolas e ignorantes poderiam apoiar tal disparate. Além disso, minhas práticas ocultistas tinham me convencido de que o mal só existia na mente das pessoas. Mas quanto mais eu estudava a Palavra de Deus e observava sua precisão, mais admitia a realidade de uma força das trevas e do mal que controla a vida das pessoas que o permitem. Como eu conseguia negar sua existência quando podia vê-lo manifestado em todas as formas do mal no mundo ao meu redor? Agora percebo que as pessoas tolas e ignorantes são aquelas que negam o reino satânico. Separar-se do mundo significa reconhecer nosso inimigo e se recusar a concordar com ele de qualquer forma.

❀As regras deste mundo

Vemos repetidamente no Antigo Testamento que um rei que servia ao Senhor em todas as outras coisas muitas vezes não destruía os lugares altos, onde os deuses pagãos eram cultuados. Por esse motivo, ele e seu povo não usufruíam de toda a bênção, proteção, cura e orações respondidas que Deus tinha para eles. Assim como nós, eles não identificavam claramente o seu inimigo e não se separavam completamente do mundo.

Nosso inimigo é Satanás, o príncipe deste mundo, que foi originalmente criado excessivamente bonito, sábio e sem pecado. Tinha acesso ao trono de Deus, mas caiu dessa posição elevada quando optou por exercer sua própria vontade em vez da vontade de Deus. Ninguém tentou induzi-lo, ele decidiu se rebelar por conta própria. Quando sua rebeldia levou à expulsão do Reino de Deus, ele decidiu se opor a tudo o que Deus é e faz. Mas Satanás é limitado. Ele não pode estar em toda parte, não é capaz de fazer tudo, não é Todo-poderoso e não é onisciente. Deus, por outro lado, é tudo isso. O que Satanás e Deus têm em comum é que ambos têm um plano para nossa vida, que só pode ser colocado em prática se nós nos submetermos a ele. Não precisamos temer Satanás, porque a Bíblia diz que "Aquele que está em vocês é maior do que aquele que está no mundo" (1João 4:4). A morte de Jesus na cruz quebrou o poder de Satanás, então não temos de ser intimidados por ele.

Não há nenhuma indicação na Bíblia de que Satanás pode eventualmente vencer Deus; o poder de Deus supera de longe o dele. Satanás só consegue ter êxito por intermédio do engano — levando-nos a acreditar que ele não existe ou que não é nosso inimigo ou incutindo em nós mentiras sobre nós mesmos, nossas situações, os outros, ele ou Deus. Quando acreditamos em suas mentiras, ele controla a nossa vida.

Eu me preocupo quando as pessoas dizem que não existe "essa coisa de diabo". Reflito sobre suas vidas — um casamento que está caindo aos pedaços; um filho nas drogas, ou uma filha adolescente que está fazendo seu segundo aborto; o problema de bebida do marido ou a depressão de uma mãe; um caso secreto — e penso: "Amada pessoa, não há nada em sua vida que me convença de que o diabo não existe". As situações de sua vida estão piores, porque elas têm um inimigo e nem sequer sabem disso. Ele irá levá-las para o caminho da destruição, e elas irão segui-lo e depois culpar a Deus pelo que acontecer. Os planos do diabo para sua vida terão êxito se você acreditar que ele não existe ou que está de alguma forma do seu lado.

Minha amiga Diane, que esteve envolvida em práticas ocultistas comigo, não queria se livrar de seus livros de ocultismo ou interromper suas práticas ocultistas quando aceitou Jesus como seu Salvador. Ela achava que podia misturar um pouco do ocultismo com o Cristianismo e ter o melhor dos dois mundos. Entretanto, quanto mais ela resistia à ideia de desistir dessas práticas, mais infeliz e deprimida ficava. Nada em sua vida parecia estar indo bem. Ela queria desesperadamente ter um filho, mas não conseguia engravidar. Tinha dificuldades em seu casamento que lhe causavam sofrimento. Sempre sentia que suas orações não estavam sendo respondidas.

Continuei encorajando-a a ler a Bíblia por si mesma e a frequentar a igreja regularmente. Conforme ela o fazia, começou a ver que não podia pertencer aos dois mundos — o do diabo e o de Deus. Tinha de escolher um ou outro.

Com o tempo, ela tomou a decisão de jogar fora os livros e se separar de todas as associações e práticas do ocultismo.

Nos meses seguintes, depois de ter tomado essa decisão, ela e o marido começaram a visitar um conselheiro matrimonial cristão. O relacionamento deles melhorou e, em um ano, ela deu à luz ao seu filho, John. Não acho que tudo isso foi uma coincidência. Essas duas coisas sozinhas foram milagres em sua vida e ela as reconheceu como tal. Não acredito que teriam acontecido se ela não tivesse se separado do mundo do inimigo e se alinhado com o Reino de Deus. Milagres não acontecem quando temos um pé no campo do inimigo. Aceitar os padrões do mundo para a nossa vida entorpece nossa sensibilidade à vontade de Deus. Isso nos separa do que ele nos chamou para ser. Nós reservamos um lugar em nosso coração para ser a exceção. Pensamos: "Eu estou acima dos caminhos do Senhor. Não preciso obedecer". Mas isso é o que Satanás disse antes de ser expulso do céu.

A forma de combater este engano é simples. A Bíblia diz: "Portanto, submetam-se a Deus. Resistam ao Diabo, e ele fugirá de vocês" (Tiago 4:7). Temos de nos separar dos hábitos e modos de pensar do mundo e destruir os lugares altos de nosso coração. Devemos dizer a Satanás que nos recusamos a acreditar em suas mentiras ou fazer as coisas da sua maneira. Quando repelimos Satanás, a promessa é: "O Senhor irá à frente de vocês; o Deus de Israel será a sua retaguarda" (Isaías 52:12). O Senhor irá nos proteger de qualquer coisa que possa haver pela frente e irá nos proteger contra todos os perigos sorrateiros por trás.

❁ Faça uma verificação nos lugares altos

Separar-se do mundo não exige que você viva como um eremita para o resto de sua vida. Mas você precisa fazer uma verificação frequente em seu coração para ter certeza de que não está muito ligado ao mundo. Faça a si mesmo estas perguntas:

- Eu me julgo pelo padrão do mundo de beleza, aceitação e sucesso?
- Eu dependo de revistas e livros do mundo que me digam como viver?
- Estou disposto a ignorar determinadas convicções que tenho, a fim de ganhar as boas graças de outras pessoas?
- Sou atraído a imitar de alguma forma a vida de celebridades em vez de me tornar o que Deus me criou para ser?
- Estou disposto a comprometer o que conheço dos caminhos de Deus, a fim de ganhar alguma coisa que desejo?

Se você respondeu sim a alguma dessas perguntas, está eliminando as possibilidades que Deus tem para sua vida. Deus pergunta: "Já que vocês morreram com Cristo para os princípios elementares deste mundo, por que, como se ainda pertencessem a ele, vocês se submetem a regras?" (Colossenses 2:20). Ele claramente nos ensina: "Não se amoldem ao padrão deste mundo, mas transformem-se pela renovação da sua mente, para que sejam capazes de experimentar e comprovar a boa, agradável e perfeita vontade de Deus" (Romanos 12:2).

Acredite, sei como é difícil tentar renunciar a tudo em sua vida imediatamente. Muitos dos nossos lugares altos foram erguidos para a nossa própria sobrevivência e podemos sentir que ainda precisamos deles. Mas quanto mais permitimos que Deus reine em nós, mais fácil será largar qualquer coisa que se exalte acima dele.

Não estou deliberadamente fazendo uma lista de "nãos", porque a questão é você se separar no seu coração. Você vai aprender quais particularidades deve eliminar à medida que buscar a Deus e orar da maneira que sugiro no fim deste capítulo.

Nunca pensei que me opunha a Deus, mas aprendi que quase tudo o que eu fazia antes de aceitar Jesus era contrário aos seus caminhos. Podemos causar mal a nós mesmos por ficarmos insatisfeitos com o que Deus nos dá ou por correr atrás de coisas que não são dele. Deus quer tirar todos os desejos do mundo do nosso coração e substituí-los por um anseio por mais de Jesus.

A Bíblia diz: "Saiam do meio deles e separem-se" (2Coríntios 6:17). Você não pode avançar se ficar apegado a coisas que o separam de Deus. É um passo de obediência, que acontece no coração e abre caminho para o verdadeiro bem-estar espiritual no centro da vontade de Deus.

✿ ORAÇÃO

Senhor, se existem coisas na minha vida que não são do Senhor, eu não as quero. Por favor, leve-as embora e liberte-me de sentir falta delas. Ajude-me a recorrer ao Senhor para todas as minhas necessidades. Ensina-me a reconhecer o meu inimigo e me dê força para resistir a ele. Ajude-me a afastar meu coração do mundo e olhar somente para o Senhor como minha fonte e meu guia.

FERRAMENTAS DA VERDADE

✿ Não amem o mundo nem o que nele há. Se alguém ama o mundo, o amor do Pai não está nele. Pois tudo o que há no mundo — a cobiça da carne, a cobiça dos olhos e a ostentação dos bens — não provém do Pai, mas do mundo.

O mundo e a sua cobiça passam, mas aquele que faz a vontade de Deus permanece para sempre. (1João 2:15-17)

- Quando alguém for tentado, jamais deverá dizer: "Estou sendo tentado por Deus". Pois Deus não pode ser tentado pelo mal, e a ninguém tenta. Cada um, porém, é tentado pelo próprio mau desejo, sendo por este arrastado e seduzido. (Tiago 1:13,14)

- Para que assim voltem à sobriedade e escapem da armadilha do Diabo, que os aprisionou para fazerem a sua vontade. (2Timóteo 2:26)

- Aquele que pratica o pecado é do Diabo, porque o Diabo vem pecando desde o princípio. Para isso o Filho de Deus se manifestou: para destruir as obras do Diabo. (1João 3:8)

❀ Capítulo 17

Orando para ser batizado

"PRECISAMOS SER BATIZADOS, MICHAEL", eu disse, tarde da noite, pouco depois que Michael e eu nos casamos. Estávamos conversando sobre o sermão do pastor Jack a respeito do batismo no dia anterior e como o próprio Jesus foi batizado por João Batista (Mateus 3:13-16).

Por meses, eu tinha visto pessoas sendo batizadas na igreja nas noites de domingo, mas eu havia descartado essa possibilidade por considerá-la um ritual religioso do qual eu não precisava. Além disso, eu tinha sido batizada quando bebê, assim como todas as crianças em nossa família. Mas naquela reunião de oração de quarta-feira à noite, o pastor Jack explicou que o batismo não é apenas um ritual ou uma tradição opcional sem sentido, é um mandamento de Jesus.

"Ir contra uma tradição que é ordenada por Deus traz problemas e compromete a sua frutificação ao ignorá-la", disse ele. "Quando você vem para o batismo, está virando as costas para sua antiga vida. Você está dizendo: 'Deus, seu filho morreu por mim, agora eu estou morrendo para mim mesmo a fim de receber sua vida.' Sua morte na cruz selou a aliança de sua parte. Sua resposta no batismo está dizendo: 'Senhor, eu selo a aliança de minha parte, mas é seu poder que a faz funcionar'."

Quanto mais Michael e eu conversávamos sobre o fato de que estávamos limitando o que Deus poderia fazer em nós e, possivelmente, trazendo problemas para nossa vida por não sermos obedientes, mais urgente aquela ação parecia. Oramos para que Deus nos ajudasse a dar esse passo de obediência.

— Devemos fazê-lo imediatamente — ele me disse depois que tínhamos acabado de orar.

— O quanto imediatamente você quer dizer? — respondi.

— Hoje à noite — disse ele com firmeza.

— Hoje à noite? Onde é que vamos encontrar alguém que irá nos batizar esta noite? São mais de dez horas.

— Pat Boone batiza as pessoas em sua piscina — disse ele com entusiasmo.

— Pat Boone? Em sua piscina? Isso vale? Não tem de ser em uma igreja? Com um pastor?

— Pode ser em qualquer lugar. E Pat Boone é presbítero da igreja. Eles batizam as pessoas em sua casa o tempo todo.

— Mas ele faz isso a essa hora? — questionei mais. Havíamos participado de alguns estudos bíblicos na casa de Pat e Shirley, mas eu não tinha certeza de que eles gostariam de receber uma visita nossa não agendada tarde da noite.

— Vamos ligar para eles e descobrir — Michael disse enquanto pegava o telefone. Em 90 segundos os preparativos foram feitos. Pegamos uma muda de roupa e estávamos a caminho.

A casa de Boone ficava a 20 minutos de carro da nossa e o vento frio e forte de outubro parecia dar chicotadas em nosso pequeno carro. Comecei a me sentir ansiosa e com medo. — Temos de estar fazendo algo importante — disse. — Continuo a ouvir essa voz na minha cabeça dizendo: "Isso é estúpido. Vá para casa e para a cama. É tarde. Está frio. Isto não é necessário".

Mesmo assim continuamos no percurso até que finalmente paramos na entrada circular e estacionamos perto da porta da frente. Logo que chegamos ao casarão de dois andares de Pat, eu me senti segura. Estávamos no recinto enorme aberto para encontros de oração ou para ouvir os ministros visitantes falarem, e eu podia sempre sentir a presença do Senhor ali.

A casa estava em silêncio, apenas as luzes de alguns quartos estavam acesas, e Shirley e suas quatro filhas estavam em cima se preparando para dormir. Pat não questionou a hora nem deu qualquer indicação de que estava incomodado. O Espírito Santo que havia movido o nosso coração deve ter preparado o dele também.

Michael e eu nos sentamos no sofá e Pat estava sentado no chão na nossa frente. Ele falou por quase meia hora sobre o significado do que estávamos fazendo, reiterando muito a mensagem do pastor Jack. Depois que Pat estava convencido de que nós havíamos entendido, ele nos mostrou a pequena casa externa onde trocamos a roupa por trajes apropriados. Enquanto caminhávamos para a piscina, o vento frio se tornou violento, e eu mal conseguia controlar a grande toalha que havia enrolado em torno de mim. O batismo demorou menos de um minuto e quando eu saí da água, o vento se acalmou. Eu sentia que havia uma clara correlação no reino do espírito.

Esperamos muito tempo para dar esse passo de obediência, pois não tínhamos compreendido a sua importância. Ainda não tenho certeza de que compreendo tudo hoje em dia, mas realmente entendo que logo depois disso, o nosso crescimento espiritual ocorreu mais rapidamente. E senti uma nova alegria em meu coração por saber que havia obedecido ao Senhor.

❀ Um passo pequeno com significado gigante

O batismo é um passo inicial muito simples no aprendizado da obediência a Deus, e somente deve ser feito depois que você entende o que está fazendo. Mas se o batismo não teve nenhum significado para você (ou porque você era um bebê ou porque não tinha qualquer relacionamento com o Senhor), você precisa ser batizado agora. Embora você não esteja negando nada que tenha feito enquanto criança ou quando não conhecia o Senhor, agora você está dizendo: "Eu deixo minha vida, como sempre a vivi, ser sepultada na água. Entro em um curso onde o poder do Espírito Santo me conduz. Coloco Deus como o capitão da minha vida e desejo que ele me dirija para onde eu deveria ir. Agora vivo no poder de sua vida."

O próprio Jesus foi batizado, a fim de fazer o que era certo, e ele ordenou que todos nós fizéssemos o mesmo, dizendo: "Quem crer e for batizado será salvo" (Marcos 16:16). Não pode ser mais claro. O batismo na água é um ato de obediência para declarar o senhorio de Jesus em sua vida. Embora não haja qualquer magia na água, você também não está simplesmente se molhando. Quer você sinta no momento ou não, as fortalezas do seu passado foram quebradas no reino do espírito. Você pode não notar nada de diferente no templo como eu senti e não ver nenhuma pomba ou ouvir a voz de Deus, como ocorreu com Jesus, mas pode confiar que o Espírito Santo de Deus desceu sobre você e vai abrir o Reino de Deus para você.

Conheço alguns cristãos que sofrem terrivelmente com as chagas dolorosas de seu passado, mas se recusam a dar esse passo simples. Eu nem tenho certeza do motivo. Uma moça veio me pedir conselho, e eu lhe orientar a dar esses passos fundamentais, mas ela se recusou a dar esse passo. Ano após ano, eu a vejo ainda sofrendo, ainda com problemas em seu casamento, ainda lidando com a raiva, rancor e falta de perdão e ainda lutando contra a depressão. Tudo porque ela não assumiu um compromisso total de viver do jeito de Deus.

Não deixe que Satanás roube o que Deus tem para você, convencendo-o: "Não é importante." "Você vai parecer bobo." "Este é um ritual sem sentido." "Não há poder nisso." Rejeite essas mentiras. Mesmo que você tenha sido um cristão por 30 anos e um líder na sua igreja, não deixe o orgulho impedi-lo de receber o que Deus tem para você. Se você for um inválido ou deficiente ou se encontra em um hospital ou em um asilo, peça para alguém chamar um pastor para ir até você para batizá-lo. Se você estiver na prisão, diga para o capelão que você quer ser batizado ou encontre um crente que foi batizado e faça com que ele derrame água sobre sua cabeça e o batize em nome do Pai, do Filho e do Espírito Santo. O poder não está na água, está no seu desejo de obedecer à Palavra de Deus e à ordem do Senhor Jesus. Deus não tem uma varinha mágica que agita sobre a sua vida como uma fada madrinha. Ele quer mais para você do que isso. Ele quer andar com você de mãos dadas e lhe dar as chaves da autoridade para que você viva vitoriosamente nesta vida.

⚜ ORAÇÃO

Amado Deus, quero lhe obedecer em todos os sentidos. Ajude-me a dar todos os passos necessários para fazê-lo. Quebre qualquer orgulho, ceticismo, dúvida ou medo que me impeça de dar passos de obediência, conforme ordena a sua Palavra.

FERRAMENTAS DA VERDADE

⚜ Pedro respondeu: "Arrependam-se, e cada um de vocês seja batizado em nome de Jesus Cristo para perdão dos seus pecados, e receberão o dom do Espírito Santo." (Atos 2:38)

⚜ Ou vocês não sabem que todos nós, que fomos batizados em Cristo Jesus, fomos batizados em sua morte? Portanto, fomos sepultados com ele na morte por meio do batismo, a fim de que, assim como Cristo foi ressuscitado dos mortos mediante a glória do Pai, também nós vivamos uma vida nova. (Romanos 6:3,4)

⚜ Assim que Jesus foi batizado, saiu da água. Naquele momento o céu se abriu, e ele viu o Espírito de Deus descendo como pomba e pousando sobre ele. (Mateus 3:16)

⚜ E agora, que está esperando? Levante-se, seja batizado e lave os seus pecados, invocando o nome dele. (Atos 22:16)

❈ Capítulo 18

*Orando para ter comunhão
com outros cristãos*

CERTA NOITE, ANOS DEPOIS de estarmos casados, Michael e eu tivemos uma discussão acalorada enquanto estávamos nos preparando para ir à casa de um amigo para jantar. Nós tínhamos interpretado mal as intenções um do outro e dissemos palavras ofensivas e perturbadoras. Fiquei reduzida a lágrimas e ele ao silêncio.

"Ótimo!", pensei. "A última coisa que quero fazer me sentindo assim é estar com outras pessoas". Silenciosamente fiz uma lista de razões que talvez servissem para poder cancelar o compromisso, mas todas pareciam muito medíocres, então eu me conformei com o encontro à noite.

Ficamos em silêncio durante todo o percurso em direção à casa do nosso anfitrião, exceto quando Michael perguntava: "Você não vai falar comigo a noite toda?" Ao que habilmente respondi: "Você não vai falar *comigo* a noite toda?"

Comecei a pensar sobre o casal que estávamos indo visitar. Bob e Sally Anderson foram um dos primeiros casais cristãos com quem Michael e eu fizemos amizade depois que nos casamos. Tínhamos muito em comum, incluindo os nossos filhos. Sua filha, Kristen, e nosso filho, Christopher, nasceram na mesma época e se tornaram bons amigos. Adorávamos estar com eles porque eram sólidos em seu relacionamento, assim como em sua fé, e sabíamos que não iriam trazer nenhuma surpresa desagradável para nós.

A partir do momento em que chegamos a casa deles senti a tensão entre Michael e eu desaparecer. Durante toda a noite nosso coração amoleceu e na hora de voltarmos para casa já estávamos rindo. Era como se a bondade do Senhor na família Anderson tivesse nos contagiado e tivéssemos sido fortalecidos por ela.

Esse tipo de coisa aconteceu tantas vezes que quando o pastor Jack nos exortou a "estar em comunhão com outros cristãos" e acenou com o braço lentamente de lado a lado da congregação, como se estivesse movimentando suas ovelhas, entendi a necessidade de fazer isso.

✾ Mais do que uma amizade

A palavra *comunhão* soava como estranha e "fanática" quando eu a ouvi pela primeira vez. Lembrou-me de chá e biscoitos depois de um encontro missionário ou um jantar trivial no porão da igreja. Descobri que é muito mais do que a hora do café. A definição do dicionário é "companheirismo, uma associação amigável, partilha mútua, um grupo de pessoas com os mesmos interesses." No sentido bíblico, é mais do que isso.

"Comunhão tem a ver com uma reciprocidade em todas as partes de sua vida", o pastor Jack nos ensinou. "Vocês carregam os fardos uns dos outros e cumprem a lei de Cristo.

Vocês oram uns pelos outros, amam uns aos outros, ajudam uns aos outros quando há uma necessidade material, choram com os que choram e se alegram com os que se alegram. É uma associação em crescimento com pessoas que estão se movendo no mesmo sentido que você está e compartilham umas com as outras os seus momentos de vitória ou de necessidade, ou seus tempos de provação ou de triunfo. É um relacionamento em desenvolvimento."

A comunhão é um instrumento para nos moldar. A Bíblia diz que nos tornamos como aqueles com quem passamos tempo como bons amigos, afiando uns aos outros assim como o ferro afia o ferro (Provérbios 27:17). Isso é razão suficiente para passarmos tempo com outros cristãos, mas há ainda outros motivos.

❊ Dentro da igreja

Primeiramente e mais básico de tudo, é muito importante que você encontre na igreja o seu lar e passe tempo com aquele corpo de cristãos na igreja. É claro que entendo se você tiver tido um esgotamento ou sido ferido por uma igreja, mas por favor me escute. Não há duas igrejas iguais. Cada uma tem sua própria personalidade. Algumas são grandes, algumas boas e algumas não são muito bem o que você esperava que fossem. Em algum lugar há uma igreja que é certa para você e você precisa pedir a Deus para ajudá-lo a encontrá-la.

Contrariamente ao que algumas pessoas pensam, a igreja não precisa ter um edifício de luxo. Você pode achar uma boa igreja onde um corpo de cristãos se encontra com um líder pastoral que também se submete a outra liderança pastoral. Devem acreditar que a Bíblia é a Palavra de Deus e oferecer um ensino bom e sólido a partir dela.

O próximo indício importante de uma boa igreja é que você sente o amor de Deus nela e o recebe em abundância das pessoas. Algumas igrejas fazem um *outdoor* de amor na saída, no entanto há outras que são mais reservadas, mas podem ser muito verdadeiras. Se você captar sentimentos de orgulho, competição, egoísmo, hipocrisia ou indiferença, determine se essa é a atmosfera geral ou um caso isolado. Lembre-se de que em qualquer igreja você pode encontrar alguém que irá exemplificar essas características. Pergunte a si mesmo se você sente amor e aceitação nesse lugar de forma geral. Você também precisa estar ciente de que não pode ir a uma igreja e exigir que as pessoas o amem e se importem com você. Você pode comunicar suas necessidades, mas não pode impor aos outros como deveriam se relacionar com você.

Se você for a uma igreja que não acredita em nascer de novo ou em ser batizado, precisa encontrar uma igreja que o faça. Se o pastor não fala sobre o Espírito Santo trabalhando com poder em sua vida e os membros da congregação não louvam nem adoram ao Senhor, você não encontrou o lugar certo ainda. Deus não pode trabalhar de forma poderosa em uma igreja que o limita e não pratica determinados passos básicos de obediência. Continue a procurar até encontrar uma igreja sólida que você possa chamar de lar.

Se você estiver em uma igreja em que se sente infeliz, saia. É difícil receber o amor e a vida de Deus em uma igreja que você detesta. Isso não é uma licença para ficar mudando de igreja para igreja sempre que houver pressão para crescer, mas não caia na armadilha do "Agora nós te pegamos!" também. Saia de qualquer igreja que tente controlar a sua respiração.

Peça a Deus para levá-lo ao lugar certo. Quando você encontrá-lo, comprometa-se a ficar e observar a si mesmo crescer. Vá sempre que for possível. Se uma vez por semana lhe parecer um importante comprometimento, comece por aí. Se uma vez por semana for fácil, então vá aos cultos durante a semana também. Depois de aceitar Jesus, você tem a vida eterna, quer vá à igreja ou não, mas estou falando sobre a vida na plenitude de tudo o que Deus tem para você. Estou falando de expulsar a dor do interior e viver em amor, paz e alegria. Estou falando de fazer a vontade de Deus. Algumas visitações do poder de Deus acontecem apenas no meio desses encontros entre os cristãos. Faça questão de fazer parte disso.

❀ Fora da igreja

Há também o esforço para estar com os crentes fora da igreja. Quando você faz amizade com pessoas que seguem ao Senhor, há um forte vínculo de amor que faz com que os outros relacionamentos pareçam superficiais. Essas amizades são as mais gratificantes e terapêuticas. Elas também podem ser as mais frustrantes, porque esperamos que os cristãos sejam perfeitos, quando, na verdade, só Cristo é perfeito.

É útil pensar que toda comunhão com os cristãos é benéfica: os encontros agradáveis são terapêuticos e os desagradáveis são alongamentos. Quando você se depara com cristãos que esticam mais do que você sente que consegue aguentar, não se afaste de Deus. Lembre-se de que ele ainda é perfeito e bom, ainda que alguns de seus filhos não sejam. Deus sempre o ama e respeita, mesmo se alguns de seus filhos não. Sei que nada dói mais do que uma ferida infligida por um irmão ou irmã no Senhor. Tendo sido ferida muitas vezes como eu, sou obrigada a lembrar que seremos imperfeitos até o momento de estarmos com Jesus. Portanto, precisamos ser misericordiosos para com aqueles que "esticam" e perdoá-los rapidamente. Além disso, nós mesmos estamos, provavelmente, esticando os outros também.

A Bíblia diz que não deveríamos nos colocar em "jugo desigual com os descrentes" (2Coríntios 6:14), mas isso não significa que você tem de evitá-los. Significa apenas que seus relacionamentos mais próximos, aqueles que tocam profundamente e mudam a sua vida, precisam ser com os cristãos. Pergunte-se: "Eu sou uma influência divina na vida de meus amigos incrédulos?" Se assim for, então considere o relacionamento bom. No entanto, se eles o influenciam, afastando-o de Deus e de seus caminhos, então corte as relações imediatamente.

Se o seu cônjuge não é cristão, não deixe que a sua resposta negativa a Jesus o impeça de receber a restauração do Senhor para você. Veja se existe por perto um grupo cristão de oração, estudo bíblico ou um grupo com interesses semelhantes. Conheço alguém que se juntou a um grupo cristão de artesanato e achou bastante reconfortante.

Comece por algum lugar. Faça chamadas telefônicas para outros crentes e peça orações. Encontre alguém para almoçar e conversar sobre o que o Senhor fez em sua vida. Abra-se e apresente-se de alguma forma. Você pode sentir que não tem nada para compartilhar, mas se você tiver o Senhor, ele é tudo de que você precisa.

Se o nosso primeiro objetivo em qualquer relacionamento é a nossa própria realização, acabaremos abandonados ou desapontados. Por mais doloroso que seja, temos de desistir desse desejo e colocá-lo aos pés de Jesus. No entanto, pode haver momentos em que fizemos tudo o que podíamos fazer em um relacionamento, mas ele ainda é cheio de problemas. Por mais que nos esforcemos tentando fazer coisas boas, uma determinada pessoa pode sempre fazer com que nos sintamos deprimidos, irritados, inseguros, com medo ou feridos. Quando isso acontece, é melhor deixar que a amizade vá e entregá-la a Deus para restaurá-la ou removê-la, conforme ele achar adequado.

A comunhão é um passo de obediência que expande os nossos corações, preenche lacunas e derruba as paredes. Incentiva, realiza e equilibra nossa vida. Tudo isso é necessário para o bem-estar espiritual e uma vida produtiva na vontade de Deus.

❈ ORAÇÃO

Senhor, reconheço a minha necessidade de outras pessoas. Eu lhe peço que me leve a relacionamentos por meio dos quais eu possa crescer no Senhor, e a sua vontade possa se cumprir em mim. Mostre-me quais passos devo dar para ver isso acontecer.

FERRAMENTAS DA VERDADE

* E consideremos uns aos outros para nos incentivarmos ao amor e às boas obras. Não deixemos de reunir-nos como igreja, segundo o costume de alguns, mas procuremos encorajar-nos uns aos outros. (Hebreus 10:24,25)

* Pratiquem a hospitalidade. (Romanos 12:13)

* Não se ponham em jugo desigual com descrentes. (2Coríntios 6:14)

* Se, porém, andarmos na luz, como ele está na luz, temos comunhão uns com os outros, e o sangue de Jesus, seu Filho, nos purifica de todo pecado. (1João 1:7)

❀ Capítulo 19

Orando para saber como abrir mão
de si mesmo

QUANDO EU TINHA 10 anos, estava acordada no meio de uma noite fria e escura como breu, porque estava com muita fome para dormir. As dores no meu estômago eram ainda maiores pela consciência de que não havia comida na casa nem dinheiro para comprar alguma coisa. Minha mãe estava dormindo no único quarto adicional, no lado oposto da casa, depois da varanda, e eu me sentia isolada, sozinha e com medo.

"Não há nada para comer", eu disse a ela mais cedo naquela noite depois de ter procurado na minúscula cozinha. Tudo o que vi na geladeira eram garrafas meio vazias de ketchup e maionese. Ela tinha jogado os restos de sobras velhas sobre a mesa para o jantar — nada combinava com nada de uma forma atraente — sem nenhum pedido de desculpas pelo fato de que não eram suficientes para sustentar nenhum um de nós.

"Pare de reclamar. Nós não temos dinheiro para comprar comida", ela retrucou, e voltou a falar consigo mesma do jeito que sempre fazia por horas. Ela odiava quando eu me intrometia em seu mundo imaginário.

Naquele momento, como eu estava deitada na cama, minha mente não parava de rodar com medo do futuro. Tinha medo de que pudesse vir a morrer de fome e ninguém se importaria. Eu me sentia velha.

Passar fome foi terrivelmente assustador. Ter de ser totalmente dependente de alguém para viver e se sustentar de quem eu não poderia depender de forma nenhuma, gerava uma profunda insegurança. Hoje, tenho certeza de que a minha mãe sabia que meu pai iria trazer dinheiro quando chegasse em casa, mas ela me disse que não havia nada para comer e nenhuma maneira de comprar algo e que era isso. Nós não tínhamos amigos, e minha mãe sempre fez parecer como se não tivéssemos família também, uma vez que ela considerava todos eles seus inimigos. Eu não tinha nenhum lugar aonde ir e ninguém para me ajudar. Não tínhamos nada para vender, e tanto quanto eu podia notar, não tínhamos perspectivas de ganhar dinheiro. Fiquei desesperada com medo do meu futuro.

Logo que saí da escola e precisava me sustentar, lidei com o dinheiro com muito cuidado. Senti o peso de ser inteiramente responsável por minha vida e o horror de um dia vir a morrer de fome sempre surgia na minha mente. Depois que conheci o Senhor e comecei a ir à igreja, coloquei o dinheiro na sacola de coleta de acordo com o que tinha comigo — dois dólares no começo, depois cinco, dez e, mais tarde, uma nota de 20. Era mais como se eu estivesse doando para uma boa causa ou dando gorjeta para o garçom do que qualquer pensamento de realmente estar dando para Deus. Mas, quando ouvi o pastor Jack ensinar o que a Bíblia diz sobre dar, sabia que tinha muito mais a aprender do assunto do que jamais sonhei.

Aprendi em primeiro lugar que contribuir era realmente retribuir a Deus o que ele havia me dado, e, por isso, eu nunca iria perder nada. Na verdade, seria enriquecida. Aprendi também que a Bíblia ensina que devemos dar o dízimo (10%) de nossa renda para o Senhor. Quando comecei a fazer isso, descobri que as minhas bênçãos financeiras eram maiores e os desperdícios nas minhas finanças eram menores. Descobri, também, que quanto mais eu dava, menos medo tinha de não ter o suficiente. Meu futuro parecia mais seguro. Em função de ter experimentado tal fluxo de bênçãos de Deus em minha vida, o pensamento de não dar se tornou mais assustador do que o de dar.

Dar é um passo de obediência que traz vida, saúde, cura e abundância. Não dar irá deter nossa vida e nossos corpos e, eventualmente, conduzir à doença física e emocional e à pobreza. A Bíblia diz que uma pessoa que dá terá um coração confiante e triunfará sobre seus inimigos. Existem dois tipos de doações que são importantes: dar ao Senhor e dar aos outros como ao Senhor.

❀ Dar ao Senhor

Em virtude de não podermos separar nosso dinheiro de nossa vida, Deus deve ser o Senhor sobre nossas finanças e devemos obedecê-lo. Deus diz em sua Palavra que nós precisamos dar um décimo do nosso salário de volta para ele, a fim de servir aos seus propósitos. Quando percebemos que, em primeiro lugar, cada centavo que temos vem de Deus, isso não é um pedido irracional. Um bom mordomo percebe que não tem nada por conta própria, mas só administra o que lhe foi dado.

Se entregamos nosso dízimo, a Bíblia promete que iremos receber um retorno multiplicado da abundância de Deus e do seu poder. O Senhor nos pede para prová-lo e ver se ele é fiel em prover mais bênçãos do que podemos guardar. Quando nos privamos desse princípio de vida, as pragas vêm devorar tudo que temos. Observo pessoas que não dão e depois perdem o que poderiam ter dado em contas médicas, conserto de aparelhos e automóveis e uma falta geral de energia para mudar suas vidas. Deus ainda as ama, mas elas interromperam o fluxo de suas bênçãos. A única maneira de o depósito da abundância de Deus poder ser aberto para elas é iniciar o processo, abrindo-se para dar.

Muitas vezes sentimos que vamos perder alguma coisa se dermos. Pensamos: "Se eu não tivesse de dar isso, teria muito mais para mim". Mas, na verdade, essa atitude é que nos fará perder. A Bíblia diz que se dermos para o Senhor, teremos tudo de que precisamos em nossa vida. Se não o fizermos, não teremos.

Quando Michael e eu decidimos nos mudar para o Tennessee, fomos avisados para atrasar a nossa mudança até que vendêssemos nossa casa na Califórnia. Mas estávamos absolutamente certos de que deveríamos ir imediatamente, então nos mudamos e compramos uma casa no Tennessee. Logo, tínhamos hipotecas duplas, taxas duplas, contas de luz duplas. Achávamos que iríamos ser enterrados sob a pressão financeira. Durante esses meses oramos para que Deus enviasse o comprador certo para nós. Não conseguíamos entender por que a casa da Califórnia não conseguia ser vendida, até que aconteceu o terremoto, e então percebemos que Deus havia poupado não só nossa vida, mas também havia poupado a vida de qualquer pessoa que viesse a morar na casa naquele momento.

Embora tivéssemos seguro contra terremotos, ele não cobria tudo, e assim nós ainda perdemos muito dinheiro. Mas não levamos em conta a perda. Nós nos regozijamos por ninguém ter sido ferido ou morto naquela casa. Durante todo esse tempo, continuamos a entregar nossos dízimos e ofertas como Deus nos orientou; e Deus tomou conta de nós ao longo dos anos seguintes e, com o tempo, restaurou tudo o que havíamos perdido.

❀ Dando aos outros como ao Senhor

Além de dar ao Senhor, precisamos adquirir o hábito de dar aos outros, como ao Senhor. Isso significa que devemos abençoar os outros, porque isso abençoa a Deus — sem esperar algo em troca. O pensamento: "Receberei de volta" é o caminho para a decepção e a infelicidade, mas quando damos sem esperar nada em troca, o Senhor nos recompensa. Dar é um princípio de libertação: "Deem, e lhes será dado: uma boa medida, calcada, sacudida e transbordante será dada a vocês. Pois a medida que usarem também será usada para medir vocês" (Lucas 6:38). Para receber coisas que duram, você deve dar do que tem. Se você precisa de libertação em qualquer área, dê alguma coisa de si mesmo, suas posses ou sua vida, e você verá as coisas começarem a se abrir para você.

Há muitas coisas que podemos dar além de dinheiro ou presentes comprados em lojas. Podemos dar alimentação, roupas, serviços, tempo, oração, assistência, um passeio em nosso carro ou qualquer bem ou habilidade que poderia ajudar alguém. É importante, no entanto, pedir a Deus sabedoria e orientação sobre a doação. Uma vez, meu marido e eu demos dinheiro a uma pessoa necessitada e, em vez de alimentar sua família e pagar o aluguel, ela o gastou em drogas. Aprendemos a utilizar um cauteloso discernimento e buscar a orientação de Deus sobre dar, para que assim possamos servir aos seus propósitos.

Você pode estar tão esgotado que sente que não tem nada para dar ou tão oprimido pelas circunstâncias que dar de si mesmo parece um esforço monumental. Se assim for, ore: "Eu não sinto que tenha algo para dar, Senhor. Proporcione-me recursos além de mim mesmo." Contanto que você tenha o Senhor em sua vida, sempre terá pelo menos uma coisa para dar, o seu amor. As pessoas precisam de alguém que as ame, ouça, incentive e ore por elas. Você poderia dizer a alguém: "Meu presente para você é um compromisso de orar por você todos os dias durante um mês." Quem não amaria esse presente? Eu sei que adoraria.

Quando vivemos com medo de que não teremos o suficiente, é difícil dar. Mas a verdade é que, quanto mais damos aos outros, mais será liberado para nós. Teremos uma colheita espiritual, assim como a colheita material. Embora seja bom economizar e planejar com sabedoria para o futuro, pois a pobreza extrema é emocionalmente devastadora, dar ao Senhor e aos outros não deve ser descartado. Se não damos como o Senhor nos orienta, de qualquer modo acabamos perdendo o que pensamos que estávamos economizando.

Minha mãe nunca abriu mão de nada, e acredito que essa atitude fazia parte de sua doença mental e emocional. Ela acumulou tudo por medo de que um dia viesse a precisar disso. Seus armários, galpões, salas e garagens estavam cheios de "tralhas". A Bíblia diz: "Quem tinha recolhido muito não teve demais, e não faltou a quem tinha recolhido pouco" (2Coríntios 8:15). O volume total de coisas de minha mãe acabava por torná-las inutilizáveis.

Sempre que minha vida parece estar parada, dar de mim deliberadamente sempre traz avanço. Não é uma questão de dar para receber, mas de dar este passo de obediência para liberar o fluxo de tudo o que Deus tem para você. A questão não é que você não possa receber qualquer uma das bênçãos de Deus a menos que você dê, mas que não pode receber todas elas e a vida se torna mais uma luta. Além disso, você não pode estar na vontade de Deus se não der, porque dar é a vontade de Deus. E dar libera bênçãos em sua vida que podem parecer não ter qualquer relação com isso.

❀ ORAÇÕES

PARA DAR A DEUS

Deus, ajude-me a dar da forma que o Senhor quer que eu faça, porque quero ser obediente nesta área da minha vida. Ajude-me sempre a entregar meus dízimos para que eu nunca venha a roubar o que é seu. Quero viver no centro da sua vontade para que eu possa receber tudo o que o Senhor tem para mim e me tornar tudo o que o Senhor deseja que eu seja.

PARA DAR AOS OUTROS

Amado Deus, mostre-me qualquer área de necessidade na qual eu poderia dar algo de mim ou do que tenho. Mostre-me o que eu poderia liberar da minha vida para outra pessoa e me ajude a fazê-lo.

FERRAMENTAS DA VERDADE

⚜ Dê-lhe generosamente, e sem relutância no coração; pois, por isso, o Senhor, o seu Deus, o abençoará em todo o seu trabalho e em tudo o que você fizer. (Deuteronômio 15:10)

⚜ Lembrem-se: aquele que semeia pouco, também colherá pouco, e aquele que semeia com fartura, também colherá fartamente. Cada um dê conforme determinou em seu coração, não com pesar ou por obrigação, pois Deus ama quem dá com alegria. (2Coríntios 9:6,7)

⚜ Como é feliz aquele que se interessa pelo pobre! O Senhor o livra em tempos de adversidade. O Senhor o protegerá e preservará a sua vida; ele o fará feliz na terra e não o entregará ao desejo dos seus inimigos. O Senhor o susterá em seu leito de enfermidade, e da doença o restaurará. (Salmo 41:1-3)

⚜ Há quem dê generosamente, e vê aumentar suas riquezas; outros retêm o que deveriam dar, e caem na pobreza. O generoso prosperará; quem dá alívio aos outros, alívio receberá. (Provérbios 11:24,25)

❀ Capítulo 20

Orando para lembrar-se do
sacrifício de Jesus

QUANDO EU TINHA 13 ANOS, deixamos nossa precária casa atrás do posto de gasolina onde meu pai trabalhava e encontramos uma casa em um bairro melhor. Quando nos mudamos, a condição mental de minha mãe melhorou um pouco, e por um curto período de tempo ela agiu como se tivesse um novo sopro de vida. Olhando para trás, acredito que ela tentou se recompor naqueles momentos, mas sua confusão mental era demasiadamente avassaladora para que ela a suportasse sozinha. Pouco tempo depois, ela perdeu a batalha e se retirou para seu mundo de faz de conta novamente.

Durante essa breve folga, quando nossa vida temporariamente se assemelhava à normalidade, nossa mãe levou minha querida irmã Suzy e eu a uma igreja próxima. Embora a divindade de Cristo tenha sido ensinada lá, eu não me lembro de nenhuma ênfase sobre o relacionamento pessoal com Jesus. Realmente me lembro de que o culto de Santa Ceia era formal e bonito, e que me comovia a ponto de chorar cada vez que eu ouvia sobre o sofrimento de Jesus.

Pensei: "Como é cruel terem torturado e matado esse bom homem, uma vez que me identifiquei profundamente com sua punição injustificada".

A experiência naquela igreja não durou muito porque minha mãe logo caiu de novo em sua velha forma reclusa. Foi a última vez que qualquer um de nós foi à igreja até que eu comecei a frequentar a Church on the Way, anos depois. Nessa segunda igreja, dois aspectos muito distintos da Santa Ceia me impressionaram. O primeiro era chamado de Mesa do Senhor. Era considerada sua mesa, não nossa. Era ele que nos convidava, não a igreja. Em segundo lugar, a Ceia era uma celebração alegre do que Jesus realizou por nós na cruz, em vez de uma comemoração fúnebre do seu sofrimento. O pastor Jack chamava de "uma celebração de vitória, um lembrete da vitória completa de Jesus sobre o nosso adversário, o inimigo".

As palavras do pastor Jack ressoaram em minha alma quando ele explicou: "O que Jesus diz sobre a Mesa do Senhor é: 'Eu estava separado de você, sangrei e morri por você, e quero que nunca se esqueça da libertação, da vitória e do triunfo que pretendi lhe dar o tempo todo. Porque eu fiz isso, você não precisa estar confinado à agonia e sofrimento diabólicos. Quero que você participe dela regularmente e faça dela, a cada vez, um anúncio do meu triunfo, e por essa razão você está sendo lembrado disso'."

Cada vez que participava da Ceia do Senhor, eu me lembrava de que o que precisava em minha vida já havia sido providenciado na cruz. A batalha que eu enfrentava já estava ganha!

❀ Um alegre lembrete

A Santa Ceia ou Ceia do Senhor é um passo de obediência a Jesus, que disse: "Façam isto em memória de mim" (Lucas 22:19). Se não houvesse nenhuma outra razão, essa seria suficiente. Mas também serve para nos lembrar de que Jesus perdoa, cura e liberta e que nenhum poder do pecado, da doença ou de Satanás pode prevalecer entre aqueles que exaltam o poder da morte de Jesus na Ceia do Senhor. Participamos da Mesa do Senhor para reconhecer com alegria o que ele realizou em pessoa por nós na cruz, de forma que irá se tornar uma parte de nós. Deus sabe que nós temos memória curta e precisamos ser lembrados com frequência. Assim como não há magia na água do batismo, também não há nada de mágico no vinho, suco de uva, pão ou biscoito da Ceia. O poder está na nossa participação. É por isso que é bom participar dela regularmente — pelo menos uma vez por mês, se possível, ou com a frequência que o Senhor lhe pede. Se não puder estar presente a um culto de Ceia na sua Igreja, então faça isso em casa sozinho. Tudo o que você precisa é uma pequena quantidade de suco de uva e um pedaço de pão ou um biscoito (embora seja verdade que Jesus e seus discípulos beberam vinho no momento da Última Ceia, muitas igrejas substituem o vinho pelo suco de uva).

Conforme você come o pão ou biscoito, lembre-se de que é um símbolo do corpo de Jesus, que foi ferido para que a sua vida pudesse ser restaurada. Você está levando para dentro de si a sua integridade, a fim de que possa ser sustentado e se torne a pessoa inteira que ele o criou para ser. Conforme você bebe o vinho ou suco, lembre-se de que o sangue de Jesus foi derramado para que você pudesse ser perdoado e não tenha de viver nas consequências do pecado.

Felizmente, as bênçãos de participar da Mesa do Senhor não dependem de nossa compreensão completa do que ela significa. Deus diz que nunca iremos entender os seus caminhos totalmente. Contanto que participemos da Ceia sem permitir que ela se transforme em um ritual religioso e atribuamos o valor adequado ao que Jesus fez na cruz, há poder em simplesmente ser obediente também nesse passo.

❈ ORAÇÃO

Amado Jesus, eu lhe agradeço por seu sacrifício por mim. Eu sei que o Senhor deu sua vida para que eu possa viver eternamente. Ajude-me a sempre compreender o valor total do que o Senhor fez na cruz toda vez que eu participar da Santa Ceia. E que eu possa viver plenamente na vitória que o Senhor me assegurou.

FERRAMENTAS DA VERDADE

❈ Pois recebi do Senhor o que também lhes entreguei: Que o Senhor Jesus, na noite em que foi traído, tomou o pão e, tendo dado graças, partiu-o e disse: "Isto é o meu corpo, que é dado em favor de vocês; façam isto em memória de mim." Da mesma forma, depois da ceia ele tomou o cálice e disse: "Este cálice é a nova aliança no meu sangue; façam isso sempre que o beberem em memória de mim." Porque, sempre que comerem deste pão e beberem deste cálice, vocês anunciam a morte do Senhor até que ele venha. Portanto, todo aquele que comer o pão ou beber o cálice do Senhor indignamente será culpado de pecar contra o corpo e o sangue do Senhor. Examine-se cada um a si mesmo, e então coma do pão e beba do cálice. Pois quem come e bebe sem discernir o corpo do Senhor, come e bebe para sua própria condenação. Por isso há entre vocês muitos fracos e doentes, e vários já dormiram. (1Coríntios 11:23-30)

✾ Capítulo 21

Orando para ser capaz de
andar em fé

....

"E SE ESTA COISA de Jesus for tudo uma brincadeira?", eu pensei em um dia de terror quase dois anos depois de ter aceitado a Cristo como Salvador. "E se nada disso for verdade? E se, de repente, o pastor disser: 'Isto tudo é uma brincadeira e vocês caíram nela! Jesus não é real e você não está realmente salva!'?"

Naquele dia, uma parede de dúvida se estabeleceu em torno de mim como barras de aço me separando do meu futuro. A possibilidade de uma vida sem valor tornou-se uma realidade temporária e entrei em pânico. "O que causou isso de repente?", eu me perguntava. Lutei com esse momento de dúvida por dias, e quanto mais pensava nisso, mais infeliz ficava. Eu sabia que tinha de reavaliar tudo.

"O que era sua vida antes de conhecer Jesus?", perguntei a mim mesma.

"Eu estava morrendo por dentro", respondi.

"Como você se sentia?", questionei mais.

"Cheia de dor, desespero e medo", respondi.

"As coisas estão melhores agora?"

"Muito."

"O que há de diferente?"

"Eu não me sinto deprimida, com medo ou desespero", respondi.

"Quando isso mudou?"

"Quando aceitei Jesus, comecei a me sentir melhor."

"Sua experiência com o Senhor foi real?", perguntei.

"Bem, sim, eu acho que sim."

"Então, qual é o seu problema?", perguntei.

"O problema é que não posso provar que Jesus é real."

"Você pode provar que ele não é?"

"Não", respondi.

"Bem, então parece que a escolha é sua, não é? Crer ou não crer."

"A decisão é sua".

"É minha decisão", respondi.

"Isso!"

"Pois bem, então. Comparando a qualidade da minha vida antes de conhecer Jesus com relação à qualidade da minha vida desde então, escolho acreditar nele."

"Tem certeza?", perguntei.

"Sim. Decidi seguir Jesus. Não há retorno. Não há retorno."

Esse pequeno enredo aconteceu cinco ou seis vezes nos 10 primeiros anos de minha caminhada com o Senhor. Considerando retrospectivamente, acredito que ocorreu em momentos estressantes, em que estava muito atarefada, quando não tinha passado tempo suficiente com a Palavra de Deus ou havia negligenciado meu tempo a sós com o Senhor em oração e louvor. Com o tempo, percebi que enviar um espírito de dúvida para nos atormentar é uma das táticas favoritas de Satanás.

❀ Sem nenhuma dúvida

A fé é um músculo espiritual que precisa ser exercitado de modo a prevenir a atrofia, que torna todo o nosso ser espiritual fraco. Fé é em primeiro lugar uma decisão; em seguida, um exercício de obediência; depois, um dom de Deus, conforme é multiplicada. Nosso primeiro passo de fé é tomado quando decidimos que iremos aceitar Jesus. Depois disso, cada vez que decidimos confiar no Senhor para qualquer coisa, construímos essa fé. E sempre que decidimos não confiar nele, nós a demolimos. A fé é nossa decisão diária de confiar em Deus.

A Bíblia diz: "Tudo o que não provém da fé é pecado" (Romanos 14:23). Pode ser mais claro que isso? A fé é obediência. A dúvida é desobediência. A fé é um dom de Deus, porque ele nos capacita a acreditar, mas temos de obedecer, construindo sobre essa fé.

A Bíblia também diz que uma pessoa que duvida é inconstante em todos os sentidos e não pode agradar a Deus. Se isso for verdade, o bem-estar espiritual não é possível sem fé. Para reforçar sua própria fé, leia as 15 características da fé a seguir.

❀ QUINZE CARACTERÍSTICAS DA FÉ

1. Fé é uma escolha.
2. Fé é um passo de obediência.

---

3. Fé é um exercício espiritual.
4. Fé é compreender Deus por meio da sua Palavra.
5. Fé é dizer sim para Deus.
6. Fé é olhar para Jesus em todas as coisas.
7. Fé é saber que nunca estamos sem esperança.
8. Fé é o que nos coloca acima das circunstâncias.
9. Fé é não esconder nada de Deus.
10. Fé é ser obediente, mesmo quando não temos vontade.
11. Fé é um dom que recebemos de Deus conforme lemos a sua Palavra.
12. Fé é saber que tudo vai dar certo.
13. Fé é uma forma de sair de nossas limitações.
14. Fé é a mãe da esperança.
15. Fé é o caminho para a paz.

❈ Construída na Palavra

Como podemos começar a construir a fé? Uma vez que temos um pouco, como vamos conseguir mais? O primeiro passo é ser totalmente aberto e honesto sobre qualquer dúvida sobre a capacidade de Deus e sua fidelidade em prover todas as nossas necessidades. Oswald Chambers disse: "Fé é uma confiança inexprimível em Deus, uma confiança de que nem em sonhos ele não estaria disponível para nós."[3] A dúvida provém de uma mentira do inimigo, que diz que Deus não é Todo-poderoso. Se você ouviu essa mentira, confesse-a como pecado.

---

[3] Oswald Chambers. My Utmost for His Highest, p. 177.

O próximo passo é encher a mente com a Palavra: "A fé vem por se ouvir a mensagem, e a mensagem é ouvida mediante a palavra de Cristo" (Romanos 10:17). Ler a Palavra diariamente, submeter-se regularmente ao ensino da Bíblia e falar a Palavra em voz alta irá edificar a fé. Sua boca e coração têm de estar unidos neste processo. Um não pode estar dizendo: "Deus pode", enquanto o outro diz: "Deus não pode." Sua mente irá convencer o seu coração ao ler ou falar a Palavra de Deus.

Sempre que estou com medo ou dúvida de que minha vida está segura, leio a Bíblia, até sentir a paz de Deus em mim. Quanto mais leio, mais esperança eu tenho. Então, quando oro, estou confiante de que Deus irá responder às minhas orações.

Mesmo se você não for dado ao medo e à dúvida, pode ser atacado por um espírito de dúvida, como eu era. Quando isso acontecer, não o leve consigo sozinho. Leve-o para o Senhor imediatamente. Ou peça a um crente maduro que ore com você, se precisar. Sentir as suas próprias limitações não significa que você não tem fé. Sentir que Deus tem limitações é o que indica uma falta de fé. Quando a fé tiver florescido, ela dará a luz à esperança, que diz: "Há um fim para isto. Não ficarei nesta situação para sempre. Não me sentirei sempre assim. Não ficarei sempre ferida." A fé e a esperança juntas lhe dão uma visão para sua vida.

A Bíblia diz sobre as pessoas que não puderam entrar na Terra Prometida: "Eles não puderam entrar por causa da incredulidade" (Hebreus 3:19). Não deixe que isso aconteça com você. Escolha entrar em tudo o que Deus tem para você, dando esse importante passo de obediência.

❀ ORAÇÃO

Senhor, tomei a decisão de segui-lo. Sei que o Senhor ouve as minhas orações, mesmo que eu não veja as respostas de imediato. Aconteça o que acontecer, estou certo de que não estou sem esperança. Tenho fé, mas, Senhor, fortaleça a minha fé onde ela é fraca.

FERRAMENTAS DA VERDADE

- ❀ Sem fé é impossível agradar a Deus, pois quem dele se aproxima precisa crer que ele existe e que recompensa aqueles que o buscam. (Hebreus 11:6)

- ❀ Peça-a, porém, com fé, sem duvidar, pois aquele que duvida é semelhante à onda do mar, levada e agitada pelo vento. Não pense tal pessoa que receberá coisa alguma do Senhor, pois tem mente dividida e é instável em tudo o que faz. (Tiago 1:6-8)

- ❀ Pois as boas novas foram pregadas também a nós, tanto quanto a eles; mas a mensagem que eles ouviram de nada lhes valeu, pois não foi acompanhada de fé por aqueles que a ouviram. (Hebreus 4:2)

- ❀ Confie no Senhor de todo o seu coração e não se apoie em seu próprio entendimento. (Provérbios 3:5)

- ❀ Meus irmãos, considerem motivo de grande alegria o fato de passarem por diversas provações, pois vocês sabem que a prova da sua fé produz perseverança. (Tiago 1:2,3)

❀ Capítulo 22

Orando para encontrar conforto no
centro da vontade de Deus

CONFORME AVANÇO NESTA CAMINHADA divina em direção
ao bem-estar espiritual ao longo dos anos, tenho recebido
muitas bênçãos do Senhor. Uma bênção especial foi a minha amizade com Diane, a amiga que levei para o Senhor
quando conversávamos pelo telefone.

Diane e eu nos conhecemos na aula de teatro no colégio
e logo nos tornamos boas amigas. Descobrimos que compartilhávamos de experiências semelhantes com as nossas
mães. Em consequência disso, cada uma de nós cresceu com
profundos medos, inseguranças, sentimentos de abandono
e uma grave falta de carinho materno. Nenhuma de nós
jamais trouxe para casa os amigos da escola, porque nunca
sabíamos em que condições iríamos encontrar nossas mães
logo que chegássemos lá.

Passamos a frequentar faculdades diferentes, mas depois dividíamos um apartamento em Hollywood, onde nós
duas almejávamos carreiras de interpretação. Além disso,
compartilhávamos a mesma caminhada espiritual. Quando
uma de nós estava envolvida em alguma prática ocultista
ou religião oriental, a outra se envolvia com o mesmo en-

tusiasmo. Depois que ambas aceitamos o Senhor, passamos mais tempo juntas. Compartilhamos altos e baixos em nossos casamentos e o nascimento dos nossos filhos. Meus dois filhos tinham quatro anos de diferença e seu filho, John, estava bem entre eles em idade. Assim, eles formavam um pequeno trio feliz sempre que estavam juntos. De fato, nossas famílias passavam todos os feriados juntas.

Quando John tinha seis anos, Diane foi diagnosticada com câncer de mama. Nossas famílias ficaram arrasadas. Ela passou por uma horrível operação e um tratamento após o outro, enquanto continuávamos a orar por sua cura. Mas, então, em um dia terrível, nossos piores receios foram confirmados. O câncer havia se espalhado por suas glândulas, estômago, ossos e cérebro.

"Eu só queria ver o John crescer", Diane chorou diante de mim quando me chamou para informar o diagnóstico do médico.

Naquele verão, conforme a doença de Diane progredia, eu tomava conta de John. O marido de Diane podia ficar livre para cuidar dela e ainda cumprir com as obrigações de sua empresa. Além disso, Diane estava sofrendo terrivelmente e não queria que John se lembrasse dela como estava naqueles últimos dias. Continuei orando para que a vontade de Deus fosse feita na vida de Diane. Todos nós desejávamos vê-la curada, mas não conseguíamos aguentar ver a agonia que ela tinha de suportar a todo instante, todos os dias.

Poucos dias antes de Diane morrer, fui vê-la no hospital. Ela mal podia falar, porque estava extremamente enjoada e sentia uma profunda dor. Seus belos olhos estavam quase sem expressão. Coloquei um pano frio em sua testa, dei a ela alguns pedaços de gelo para a secura na garganta e apliquei uma pomada em seus lábios ressecados.

Então eu lhe perguntei se ela havia escrito uma carta para John. Tínhamos conversado sobre isso nos últimos meses, mas Diane havia estado hesitante em fazê-lo. Eu sabia o motivo. A carta era muito definitiva. Significava que ela sabia que estava morrendo e ela queria fazer tudo o que pudesse para evitar enfrentar essa possibilidade. Mas desta vez ela indicou com a cabeça que de fato havia escrito a carta e me disse onde encontrá-la.

Na semana em que John nasceu, Diane e seu marido tinham me perguntado se eu concordaria em tomar conta dele, se alguma coisa acontecesse a eles. Naturalmente eu disse que sim e John ficou conosco em seu testamento. Naquele dia no hospital, ela me perguntou novamente. Eu lhe garanti que sempre cuidaria dele.

John tinha oito anos quando Diane morreu. Durante meses depois de sua morte eu o mantinha conosco durante a semana. No começo da segunda-feira o pai trazia John para nós e depois voltava para buscá-lo na noite de sexta-feira. Sempre detestei vê-lo ir embora.

No ano seguinte, John e seu pai se mudaram para Oregon, onde seu pai poderia trabalhar em casa e ficar com John em tempo integral. Sentíamos falta deles, mas ainda conseguíamos vê-los todos os feriados e nas férias de verão dos anos seguintes.

Então, certa tarde, recebi um telefonema da polícia de Oregon. O pai de John havia morrido em um acidente de automóvel e, com 16 anos, John era um órfão. Nosso coração ficou despedaçado por ele novamente.

Naquele outono, John se tornou nosso filho espiritualmente adotado e eu me tornei sua tutora legal. Ele sempre foi como um irmão para meus filhos e era como meu próprio filho. Agora, o relacionamento era oficial.

Como fomos abençoados por tê-lo como parte da nossa família! Ele era a peça que faltava que nem sabíamos que estava perdida. Deus sabia que precisávamos de alguém para completar nossa família. Todos nós o amávamos, mas eu particularmente o valorizava porque ele me lembrava muito sua mãe. Tinha sua inteligência e perspicácia, assim como alguns de seus trejeitos e expressões.

Por meio de tudo isso, aprendi que se coisas dolorosas e difíceis acontecem com você, não significa que você está fora da vontade de Deus. Na verdade, muito pelo contrário. A vontade de Deus muitas vezes envolve situações muito desagradáveis. Em função de tudo o que aconteceu com John e sua família, meus filhos aprenderam que, quando o impensável acontece, Deus ainda está no controle. Eles viram que, à medida que você ora passo a passo em sua trajetória em meio a uma tragédia, Deus extrai o bem da situação. Eles sabem que quando você caminha perto de Deus e vive em obediência aos seus caminhos, pode confiar que está no centro da sua vontade, não importa quais sejam as circunstâncias ao seu redor.

Essa experiência e outras me fizeram perceber que o centro da vontade de Deus não é um destino, é o próprio processo. A vontade de Deus é um lugar onde escolhemos viver todos os dias à medida que buscamos ter um relacionamento íntimo com o Senhor, estabelecemos uma base sólida nele e aprendemos a andar no seu caminho.

✻ ORAÇÃO

Senhor, ajude-me a viver sempre em seu caminho, para que eu possa continuamente encontrar consolo no centro da sua vontade.

FERRAMENTAS DA VERDADE

- ✻ O mundo e a sua cobiça passam, mas aquele que faz a vontade de Deus permanece para sempre. (1João 2:17)

- ✻ Bendito seja o Deus e Pai de nosso Senhor Jesus Cristo, Pai das misericórdias e Deus de toda consolação, que nos consola em todas as nossas tribulações, para que, com a consolação que recebemos de Deus, possamos consolar os que estão passando por tribulações. (2Coríntios 1:3,4)

- ✻ Gritem de alegria, ó céus, regozije-se, ó terra; irrompam em canção, ó montes! Pois o Senhor consola o seu povo e terá compaixão de seus afligidos. (Isaías 49:13)

- ✻ Por essa razão, desde o dia em que o ouvimos, não deixamos de orar por vocês e de pedir que sejam cheios do pleno conhecimento da vontade de Deus, com toda a sabedoria e entendimento espiritual. E isso para que vocês vivam de maneira digna do Senhor e em tudo possam agradá-lo, frutificando em toda boa obra, crescendo no conhecimento de Deus. (Colossenses 1:9,10)

Este livro foi impresso pela Edigráfica, em 2021, para a Thomas Nelson Brasil. O papel do miolo é Avena 80 g/m², e o da capa é cartão 250 g/m².